——新课程背景下教师必备基本

现代教师语言艺术

XIANDAIJIAOSHI
YUYANYISHU

米高慧　耿毅乾◎编著

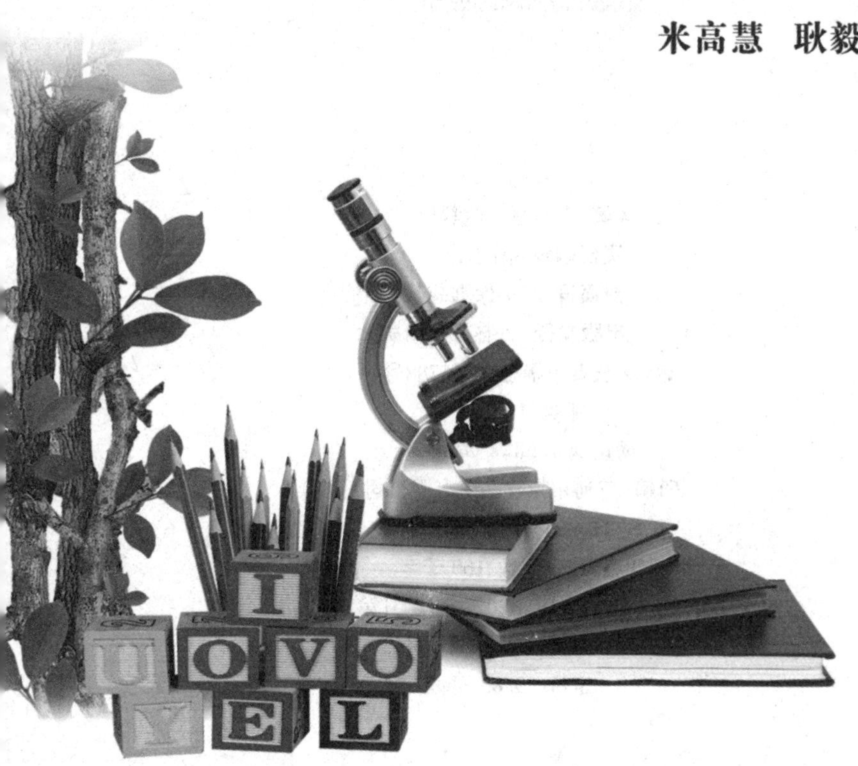

吉林文史出版社

图书在版编目（CIP）数据

现代教师语言艺术 / 米高慧，耿毅乾编著．——长春：吉林文史出版社，2013．2（2021.6重印）
（新课程背景下教师必备基本功系列）
ISBN 978－7－5472－1463－3
Ⅰ．①现… Ⅱ．①米… ②耿… Ⅲ．①中学教师－语言艺术②小学教师－语言艺术 Ⅳ．①G635.1
中国版本图书馆CIP数据核字（2013）第034655号

新课程背景下教师必备基本功系列

现代教师语言艺术

XIANDAIJIAOSHIYUYANYISHU

编著/米高慧　耿毅乾
责任编辑/高冰若
封面设计/小徐书装
出版发行/吉林文史出版社
地址/长春市福祉大路5788号
邮编/130118
网址/www.jlws.com.cn
印刷/三河市燕春印务有限公司
开本/710mm×1000mm　1/16
印张/12　**字数**/160千字
版次/2013年6月第1版　2021年6月第3次印刷
书号/ISBN 978－7－5472－1463－3
定价/39.80元

目 录
contents

第一章　教师语言艺术概述

第一节　教师语言艺术的魅力

语言艺术是指运用语言反映客观事物，使表达的思想达到准确、鲜明、生动、完美的程度，即具有艺术性的程度。这里说的“艺术”，是指富有个性和创造性的方式方法。所以，换言之，语言艺术，也就是富有个性和创造性的、完美的语言方式。

一、语言艺术的魅力

1. 语言是思想媒介的桥梁

语言是人们交流思想的媒介，人们彼此的交往离不开语言。尽管通过文字、图片、动作、表情等可以传递人们的思想，但是语言是其中最重要的，也是最方便的媒介。

2. 语言是各种符号的结合体

语言是人类用自身发出的不同声音表达不同意思的符号系统，它由语音和语义构成，是人们进行交流的各种表达符号。从狭义上讲，人们通常说的语言，就是指这种有声语言；从广义上讲，语言包括声音语、书面语、体态语。

3. 语言是交际表达的主要工具

语言是人类最重要的交际工具，它是人类用来交流思想、传递信息、传授知识的工具，是人类交际的工具，也是人类思维的工具。人们借助语言保存和传递人类文明的成果。语言是人类的创造，只有人类才拥有真正的语言。虽然许多动物也能够发出声音来表达自己的感情或者在群体中传递信息，但这只是一些固定的程式，不能随机变化。只有人类才会把无意义的语音按照各种方式组合起来，形成有意义的语素，再把为数众多的语素按照各种方式组合成话语，用变化无穷的形式来表达变化无穷的意义。

4. 语言是历史文化的传承者

自古以来，人们对语言充满了许多幻想，给了它许多美好的神话和传说。其实，人类的语言既不是从天上掉下来的，也不是上帝创造的，而是人类进行社会生产劳动的必然产物。

大约在几十万年前的太古时代，那时原始人类还只是类人猿。为了生存的需要，这些成群在树上居住的、没有语言的、只会发出一些简单叫喊声的类人猿，逐渐移到地面。为了生存，类人猿不得不进行最原始的劳动。劳动使类人猿学会直立行走，学会采摘树上的果子，学会制造一些最粗笨的劳动工具。劳动使类人猿手和脚得到了分工，劳动也改造了类人猿的器官。类人猿之所以只会发出简单的声音，就在于爬行的时候，其肺部受到脊椎的压迫，发音器官得不到发展。类人猿在劳动中直立行走，使肺部和声音的压力减少，发音器官可自由加以调节，且其头颅垂直减轻了对鼻腔的压力，使之发展为理想的发音共鸣器，使发音成为可能，因而在类人猿向原始人进化的过程中，他们逐渐学会了发出一个个清晰的声音。

当时，环境相当险恶，为了防御猛兽的袭击，猎取野兽，原始人不得不成群结伙地居住在一起，这种原始群也就是最早的社会组织。在长期的社会生产劳动中，需要一致的动作，需要相互协作，需要交流，正如恩格斯所说："这些正在形成中的人，已经到了彼此间有些什么非说不可的地步了。"鲁迅先生进一步说："我们的祖先是原始人，原是连话也不会说的，为了共同劳动，必须发表意见，才渐渐地练出复杂的声音来。"因此，在由猿到人的极其漫长的转变过程中逐渐产生了语言。

语言在这种历史演变下发展起来，成为文化的一个重要组成部分，甚至可以说没有语言也就不可能有文化，只有通过语言才能把文化一直传承下去。语言艺术也在这样的变化和转变中逐渐地完善和形成了自己鲜明的艺术文化特征。

二、教师语言艺术的魅力

教师的语言艺术，就是教师在其职业活动中运用语言的艺术。其中包括具有教育工作行业特点的语言艺术，也包括教师和其他人通用的语言艺术。教师语言是教师在教育教学活动中作用于学生的语言的总称，是教师在教学、教育过程中最重要的应用工具。著名的语言学家、心理学家皮亚杰对教师语言运用理解为："语言是教师用来表达、组织和论述其概念、观念的一种有价值的工具。"由于职业的特点，教师语言和其他职业语言不同，教师语言具有自己独特的特点。

1. 教师语言艺术的特点

（1）对象的特殊性

教师的交际对象主要是学生，教师语言受学生年龄阶段、思维习惯、语言方式、学习基础、心理与接受能力等因素限制，教师语言的运用要根据学生的具体情况而有所侧重。

幼儿园的教师语言承担指导启蒙的任务。根据幼儿心理发育特点，幼儿思维的具体形象性特点决定教师要善于把抽象事物、词语、概念等通过语言技巧形象地描述，来帮助幼儿理解和感知。语言要尽量浅显易懂，语言要接近儿童话，用语句词多、语调舒缓、语气略带夸张等方式激发幼儿潜在的学习积极性，使他们在和谐的、愉快的教学氛围中成长学习。

小学教师语言承担帮助学生从幼儿向中学阶段转换，帮助学生构建思维，从具体向抽象转换的任务，因此小学教师的语言艺术不仅要通俗易懂，还要逐渐运用丰富的词汇谨密地表达，直观与抽象兼用的手法，潜移默化地教导学生。由于小学生心智尚未成熟，有好动的行为特点，因此教师语言一定要生动形象，吸引学生的注意力。

中学教师的语言要具有启发性，以鼓励为主，中学生处于抽象思维正在形成的时期，教师语言在传递知识时多运用富于启发性的语言，使学生积极、自觉地打开思路，动脑思考。另外中学生这一时期正处于青春期发育阶段，处于世界观、人生观建立阶段，教师在语言运用上一定要根据学生个体差异，因材施教。

(2) 日的的特殊性

教师和学生交际的目的是传授知识，培养道德情操。这个目的限制了教师语言的内容、语言运用的表达方式，教师语言必须紧密围绕教学、教育活动进行，传授知识要求语言要科学、生动、具有启发性，能激起学生学习的欲望，并为培养学生良好的道德情操而服务。

(3) 交际环境的特殊性

教师和学生的语言交际活动主要是在学校里进行，有特定场合环境，因此教师语言要结合环境、气氛和特定的场景等客观因素，如在课堂教学、办公室谈话、校园谈心等不同的情景环境下教师语言的运用要采用不同的方式，要因景沟通，这样才能达到良好的沟通效果。

2. 教师语言的作用

(1) 在课堂教学环节中

教师语言起提高教学质量和教学效果的作用，是组织、管理、指导课堂活动的教学手段。教师语言的组织形式、课堂提问方式、师生间的互动调整以及教师对学生表现的反馈形式等，直接影响到教学计划的顺利实施。

(2) 在教学对象环节中

教师语言起说服提高学生思想层次、道德水准的作用。在教育学生活动中，教师语言是思想道德的媒介，是作用于学生精神世界的最重要的工具。

(3) 在教学互动模式环节中

教师语言起融洽师生关系、创造良好的学习活动环境的作用。教师语言具有潜在的示范作用。教师良好的语言修养起着潜移默化的示范作用，对学生良好语言习惯的形成，表达能力的培养，以及思维能力、分析能力的提高，都具有不可忽视的影响。

3. 教师语言的审美价值

（1）科学美

教学语言的科学美是由教学内容的科学性所决定的。学校教育的各个学科，不论自然学科还是社会学科，都属于基本科学知识范畴，是一个完整、严密的科学体系，具有很强的科学性和审美意义。这些科学知识的发明发现，是科学家辛勤探索的结晶，是他们通过美好的假设、科学的实验、严密的推理而得出的劳动果实。诸如地球引力的发现、蒸汽机的发明、马克思主义基本原理的产生，无不具有强烈的科学性、真理性，无不闪烁着科学美的光彩和真理的光芒。教师在教各个学科知识的过程中，特别是自然学科，也常常要通过具体的实验来揭示事物的本质属性及其规律。因此，这时的教学语言，也应和科学的发明发现过程一样，极富于科学的想象性、联想性和灵感性，成为再现和传递人类认识世界、改造世界信息的最佳媒体。这种富于科学美的教学语言，能把学生的认识和思维引向新的境界，并借以开发学生的智力，激发学生的理想，对学生进行审美教育。

教学语言的科学美，首先要求教师运用准确的概念、正确的判断，并依据思维的规律组织严密、完整的语言程序，从而使教学语言具有强烈的思辨性和逻辑性，富于说服力；其次要求教师传递的语言信息真实、具体、规范，使教学语言具有深邃的理论性和科学性，富于穿透力。教学语言的科学美，既排斥语言的含混性、虚假性，也与语言的芜杂性、繁复性不相容。真实、准确、精当，是科学美的精髓。

（2）形象美

学校的教育内容，无论是自然科学知识，还是社会科学知识，都是客观物质的反映，具有鲜明的形象性。所谓教学语言的形象美就是教师在教学活动中通过具体描绘、陈述这些客观事物的形象，充分显示它们的形象美。心理学研究表明，少年儿童喜欢用具体事物的形象或表象进行思维，用形式、声音、色彩和感觉进行思维。教学语言就充分显示各个学科教学内容中蕴含的形象美。当然，形象并不等于形式，而是形式和内容的辩证统一。形式中的每一点、每一线、每一声、每一色，都与内容意义相关，形象就是事物外在形式与内在的内容的统一。教学语言形象美的意义，就在于教学内容的目的性和形式的规律性的统一。只有充分展示教学内容的目的性的教学语言，才具有强烈的教育功能；只有充分反映形式的规律性的教学语言，才具有更大的审美意义。

教学语言的形象美是教师审美心理、审美情趣、审美理想物化的产物。它要求教师一方面对所教学科知识有深刻的理解、把握、想象和体验，以便准确、鲜明、生动地再现事物的形象；另一方面，还要求教师根据自己对教材的具体感受、想象和体验，依据形象思维的规律，选择和加工语言材料，增强语言的形象性和感染力。教学语言的形象美既排斥语言的生硬、呆板，也与语言的枯燥、艰涩不相融，它要求强化语言的视、听效能。

(3) 情感美

教学语言的情感美是由教学活动的特点所决定的。教学活动是知、情、意、行协调统一的发展过程。情真意切的教学语言，不论对于培养学生的认知能力，发展学生的智力，还是激励学生的意志，提高学生的思想认识，都有重要的作用；特别是对培养学生的审美兴趣、审美理想和审美能力，更具有重要意义。

教学语言的情感源于教师对教材的深刻理解和准确的把握。教师只有对所教学科的具体内容进行深入研究和准确的把握，才能在正确地表达教材的思想内容的同时，准确恰当地传达蕴涵其中的情感因素，使学生得到感情上的体验，也就是人们常说的对学生“晓之以理，动之以情”的过程。真正做到教学语言的情感美，除了要求教师深刻理解教材的思想内容和准确体验其情感因素之外，还要求教师严格控制和调节自己的感情、情绪。只有这样，才能在实践中准确地传达出自己体验到的感情。

(4) 朴素美

教学语言的朴素美是与教师的职业性质、教学任务分不开的。教师是平凡而伟大的职业，教育是朴朴实实的工作，教学语言的朴素美是实现教书育人任务的需要。朴素，相对于华丽、新奇、特异等，是一种美，是一种难能可贵、功用非浅的美。

教学语言朴素美的主要标志是语言的口语化。教师讲课主要依靠“口语”传递知识信息，这就要从口语的特点出发，遵循口语表达的规律。首先，要注意选用词语。一般情况下，应尽量多采用双音节或多音节词，少用单音节词。因为双音节词和多音节词比单音节词易于听清楚，效果好；其次，要注意句式的运用。一般情况下，教学语言应避免采用“学者腔”的长句式，更不要使用洋句式，应尽量采用形体简短、修饰成分较少的短句式。因为简短的句式更适于口语表达；第三，要注意运用口气。一般情况下，教师应尽量采取商量的口气，采取与学生谈心的方式讲话。因为这种表达口气的方式能给人以自然、亲切的感觉，容易缩短与学生之间的距离，收到“声入心道”的功效。总之，努力实现口语化、避免“文章化”是实现教学语言朴素美的关键所在。教师在组织教学语言时，应摒弃那种咬文嚼字、堆砌词藻、追求词语时髦的现象。教学语言的朴素美不仅源于教师对教材内容的深刻理解，也与教师的思想作风、教学方法密切相关，是教法上“深入浅出”的一种体现。

（5）声音美

实验语言学研究表明，人类语言的声音包括音高、音强、音长和音色四个要素。这就给我们探索教学语言的声音美提供了理论依据。教学语言的声音美，主要包括旋律美和节奏美两个方面内容。旋律美主要指语声语调的排列组合。研究证明，优美的语声和语调的排列组合，可以展现给人们既丰富又精美的生活图景，并具有无限的可能性，演化出无限多的事物。因此在教学中，教师应根据教学内容的特点，给教学语言配以相应的语声和语调，使之有高有低，形成旋律美。节奏美主要指语音音响运动的轻重缓急。根据有关研究得知，教学语言的声音强度一般可在 65 ~ 72 分贝，速度可在每分钟讲 100 ~ 200 个字，音高方面，男教师音频为 60 ~ 200 赫兹，女教师音频为 150 ~ 300 赫兹。教师应根据不同的教学内容、教学对象和教学环境等，确定教学语言声音的强弱、快慢，使之既符合语声要素各自的“常度性”要求，又要处理好其相互间的协调性，从而使教学语言具有节奏感。

教学语言的声音美，要服从并服务于教学任务和目标的需要。一般情况下，在讲到教学重点、难点和关键的内容时，音速要加快，音量要降低、减弱一些。停顿和重复在教学语言中也起着重复的调节作用。巴甫洛夫学说告诉我们，人的优势兴奋中心不是固定在大脑皮层的一定区域，而是随着刺激物的变化而转移。因此，教学语言要随着教学内容和教学情况的需要，富于旋律感和节奏感，使之时高时低、时缓时急、抑扬顿挫，富于声音美。这样，学生的优势兴奋中心便可以随着教学语言旋律和节奏的变化得到转移或强化。

(6) 规范美

语言规范化既是语言政策的要求，又是语言审美的需要。教学语言的规范美主要包括以下三个方面内容：①用字规范，即要求使用国家颁布推行的简化字；②语法规范，即要求遵循现代汉语语法规则；③语音规范，即要求推广通行的普通话。其中以语音规范为重点。这是国家教委和语委对基础教育提出的一项重要规定与要求。教师写字要规范，使用国家推行的简化字；讲话要规范，遵循现代汉语语法规则；用标准普通话讲话。教学语言的规范美，完善地体现了内容与形式的统一，既体现了政策性，又具有审美意义。教学语言的口语化，也是指标准普通话的口语化，而不是别的口语化。

三、教师教学语言艺术的魅力

教学语言指教师为了在有效时间内顺利完成教学任务而进行的言语活动，也包括在课堂中向学生传授知识、培养思维能力的言语活动。

1. 常见影响教学语言表达的因素

(1) 环境因素对教学语言艺术的影响

教学语言要适合学生的年龄特点、知识水平，要适应特定的环境。心理学认为，人的情绪情感或态度都是环境在个体身上的体现与反映。

不同环境有不同的心理反应。中学生正处于生理发展剧变期，心理情绪不稳定，性意识剧增，极大地影响着学习情绪。教学语言运用得当与否，直接关系到学生

发展的好坏。所以要把握学生的心理需求，运用委婉并富有启发性的语言艺术。

任何成功的表达都是主体能动地适应环境的结果。教学中，一要巧设疑问。如鲁迅先生当年在北京大学讲《红楼梦》分析人物时，他就问学生："你们爱不爱林妹妹？"学生活跃了，有的反问他："周先生你爱不爱啊？"鲁迅先生答曰："我嫌她哭哭啼啼。"用"爱不爱"提问就比用"你们怎么评价林妹妹"更有艺术性，这样既活跃了课堂气氛，又达到了提问目的。

（2）心理因素对教学语言艺术的影响

语言常常是随情绪变化而变化的，法国布瓦洛说："每种情感都说着一个不同的语言。"人的思维要活跃，就必须有积极的心态和良好的情绪。教师不仅仅是"传道、授业、解惑"，更应该是心理学大师，掌握学生的心理特征。俄国乌申斯基说过，如果教育家想从一切方面去教育人，那么就必须先从一切方面去了解人。了解人，应从了解他的心理开始。

中学生都有一种希望学习成绩好、得到赞扬的心理期待。罗森塔尔效应对此作了证明：教师的期待作用将对学生的成绩产生巨大的影响。教学语言里应时时流露出对学生的期待。要如此，须做到：

教学语言与学生心理产生情感共鸣。教学语言与学生心理相容，学生容易产生接受心理，这样就会对思维理智产生巨大影响。因为情感对于理智具有发动、激励作用，理智对于情感有导向、调控作用。

用幽默语言激活学生的好奇心理。幽默的语言无疑是一针兴奋剂，可以让学生在愉悦情绪里产生接受心理。德国演说家海因滋·雷曼表说："用幽默的方式说严肃的真理，比直截了当地说出更能为人所接受。"

悬念心理的刺激。富有悬念的语言能够激活读者或听者的联想和想象，能够令信息接受者形成心理上的探究反射，使之不断探究事物的发展和其内在的奥秘。悬念像一个漩涡，能够把学生的思维、情感及探索激情都吸引过去，激起学生的学习兴趣。

审美心理与教学语言艺术的观照。语言优美的口头表达是产生快感的主要途径。作为无声语言的板书艺术亦是令人产生快感的一种途径，美的教学语言丰富生动，具有激发学生想象力的功效。经过长期培养、训练，可以培植学生乐学心理，孔子曰："知之者不如好之者，好之者不如乐之者。"（《论语·雍也》）

充分利用"异性效应"心理——人们在异性面前有有意识地自我表现、自我约束、自我激励的心理因素。如讲授《诗经·氓》，可以让一男生一女生当堂表演一对青年男女约会、赠送礼物的情景，枯燥的古文课顿时就会兴趣盎然。

（3）知识修养因素对教学语言艺术的影响

丰富的知识可以给人以智慧。古罗马哲学家谱洛丁说："在任何场合都是智慧指导着创造。"教师只有腹藏经纶，方可口吐珠玑，随机应变。如地理老师在讲流水作用的时候，若引用古诗"野渡无人舟自横"来说明流水作用，既形象生动又富有诗情画意。讲授《烛之武退秦师》，若结合春秋时期的历史和地图来赏析课文，学生就会很清晰地把握住文章思路，有助于理解文义。

丰富的知识修养还要求教师有与时更新的观念，讲求语言的时尚性。汤姆·沃尔夫说："任何人都无法抵制用时尚来武装自己的渴望。"恰当地运用流行语，可以使教学语言增辉不少。比如欣赏陆游的《钗头凤》"红酥手，黄藤酒……"时，不妨引用校园流行语仿拟的词《钗头凤·戒烟》"本国烟，外国烟，成瘾苦海都无边。前人唱，后人和，饭后一支烟，生活胜神仙。错！错！错！烟如旧，人空瘦，咳嗽气喘罪难受。喜乐少，哀愁多，一朝上瘾，终身枷锁。莫！莫！莫！"学生在愉快的笑声里很快就可以将陆游的词背熟。

教学语言艺术运用受多种因素影响。在教学过程中，我们要尽可能地恰当运用教学语言，以增强教学的艺术效果；要善于从教学实际出发，因情而异，随机而变，才能获得最佳的效果。

2. 教学语言的特点

（1）科学与艺术相结合

教学语言是教师教学的基本功和必要素养，是教学的一个基本的和重要的组成部分，而教学语言具有科学性是教学语言内容最重要的元素，教学语言必须符

合各门学科的科学性要求。因此要求教师在运用教学语言时教学内容要科学，教学手段方式也要科学。另外，教师教学语言还具有艺术性特点。教学语言描述时要形象，要通过教学语言艺术手段绘声绘色地描写叙述过程，再融入些真实情感，使艺术性语言更灵性饱满，从而打动学生的心灵。

（2）讲授语言与互动语言相结合

教师在教学过程中通常要采用讲解、说明、报告等方式，这就要求教师在运用语言时一定要正规合理，词语运用恰当规范，而教师在教学中完成“传道、授业、解惑”的任务时必须要和学生语言互动，在教师传授知识和学生吸收反馈的过程中，教师既要有意识地对自己的语言进行监控，又要不断地根据学生的反应状态，随时调整自己的语言行为。所以教学语言活动是一个以教师为主、学生为辅、师生互动的双向的语言互动过程。

（3）共性与特性相结合。

教学语言的共性是指各门学科教学必须遵循教学语言普遍特点，如教学语言的启发性、主导性、生动性、准确性和教育性等方面。而各门学科毕竟有自己的特色、性质，因此，教学语言要尊重学科特点，如具有自然科学性质的学科与具有社会科学性质的学科，可分别考虑富有特色的教学语言。

3. 教学语言运用原则

（1）教学语言必须遵循传达教学信息、实现教学目的服务的原则

教师语言最重要的环节就是课堂教学语言，它承载着传达知识信息，提高学生知识水平，培养学生掌握现代人所具有的智力、技能、意志等的任务，也潜移默化地熏陶学生成为一个具有丰富情感、品德高尚的人。

（2）教学语言必须遵循适应不同学生的不同特点的原则。

因材施教是教学论的重要原则之一，教师要从学生实际出发，根据学生的年龄特点、学生接受能力和学生的个体差异进行不同的教育，教学内容、教学手段也要采取相应的变化，而对教学语言的要求也有所不同

四、教师教育语言艺术的魅力

教育语言主要是辅助课堂教学内容顺利完成的言语活动，包括管理和组织课堂秩序而进行的言语活动。因此教师知道现今教育语言存在的问题，才能避免和防范，并有可能对学生进行有方向性的教育。

1. 传统教育语言存在的问题

(1) 态度粗暴，耐心不足

教育教学过程中，教师恨铁不成钢的心情是可以理解的，但简单粗暴的态度是不能容忍的。简单粗暴经常导致师生情绪对立，引起误解，造成不必要的纠纷，有百害而无一利。讽刺挖苦，重语伤人，定会引起学生的逆反心理。古人云："弟子不必不如师，师不必贤于弟子，闻道有先后，术业有专攻，如是而已。"这就是说，世上根本没有生而知之的天才，更没有万事皆知的全才。师生之间，同样如此。教师先学一步，学专一点，当然就懂得多一些，处于教育人的地位；因此，教师教育学生时应坚持平等待人，以谦虚的态度、和顺的容颜、商量的口吻与学生切磋，积极引导，启发思考。反之，如果高高在上，盛气凌人，采用训斥的态度，学生嘴里不说，心里不服，行动抵触，还怎能谈到好的教育教学效果呢？

(2) 家访告状，方法简单

教师是教育学生的主导者，对学生来说应该成为谆谆教导的师长，态度严肃郑重的长辈，感情深厚、关系融洽的朋友。教师应坚持正面教育，多讲道理，以理服人。但事实上有的教师却不是这样。因学生是熟人子弟，家长一再当面恳求：严加管理，及时联系，必要时给以体罚，也无怨言。于是，当学生违纪时，教师往往忽视思想教育，随口就说："我一定告诉你爸爸，让他在家里收拾你！"这样一来二去，使学生的反感逐渐加深，产生抵触情绪，给你来个平时不照面，谈话不发言，采取逃而避之的态度。可见，告状不可取，道理还要讲，坚持以理服人才是上策。

（3）简单片面，不明是非

教师语言失检，常常是与认识论有关的，片面、静止、孤立地看问题。表现在语言上就会吹毛求疵、忽视进步、主观臆测，令人难以接受；或是一味迁就、感情用事，使学生忘乎所以。如有的教师对自己认为好的学生偏爱，表扬时喜爱之情溢于言表，赞扬过分，褒奖倍加，使人感到芒刺在背；而对所认为坏的学生就往往偏激，批评时厌恶之言倾泻而出，申斥严厉，贬抑过甚，使被批评者感到心里憋气。相反，如果表扬先进同学时指出其不足，就会使好学生好上加好，百尺竿头，更进一步；批评较差同学缺点的同时，指出其长处，就会使差学生增强信心，积极向上，达到治病救人的目的。全面、发展、有联系地看问题，就能彻底摆脱形而上学的束缚。

2. 现代教育语言应遵循的原则

（1）要合情合理，心态放平

教师运用教育语言时常常要动之以情、晓之以理，这样才能既唤醒学生的理性思考，又能感化学生，促动学生的心弦。有了好的感情基础，才能使教师和学生沟通顺畅，思想教育才能走入学生内心。但同时一定要有理有据，要实事求是，实话实说，帮助学生明辨是非，以理服人，这样学生听了才能受感动，心服口服，师生之间才能产生共鸣，学生才能得到良好的思想教育。

其次，教师教育学生时，常会遇到这样一种情况：教师严辞责备，学生据理力争，你有来言，我有去语，互不相让，形成当面顶牛的局面。这种情况的出现，责任应该在教师。教师教育学生，应坚持剖析事理、明辨对错、指明方向、促其进步的做法；教师批评学生，应坚持和风细雨、实事求是、适可而止、促其自新的做法。假如一旦出现了顶牛局面，教师就应静心思考，立即停止争辩，避免僵持过久不可收拾。过一段时间，等情绪稳定之后，教师再找学生平心静气地交谈，指出学生的合理成分，检查自己的处置不当，达到相互谅解、解决问题的目的。

总之，教师在教育学生时，一定要控制好自己的情绪，如果在工作中遇到令人生气甚至是无法忍受的事情，一定要平稳自己的情绪，心平气和地和学生讲道理，耐心教导学生，尽量不要受外界情绪的干扰，用自己的爱心不断地去感染打动学生。

(2) 要言行一致，表里如一

教师想让学生信服自己的教育，就必须要言行一致，表里如一，这是教师完美的人格的体现。这种完美的人格要求教师带头实践自己所提供的道德标准和价值观念。教师要求学生做到的，教师自己必须首先做到。作为新时代的人民教 师，无论何时何地，都必须言行一致，决不能言行相悖。有些教师要求学生按时上课，自己则经常上课迟到；要求学生勤奋好学，自己则教无长进；要求学生文明礼貌，自己则经常以势压人，甚至粗话、脏话不断；要求学生遵纪守法、讲究公德，自己则"以教谋私"，甚至有个别校长、教师经常玩麻将赌博，生活放荡，以权谋私。这种一手在塑造、一手在破坏师表形象的做法，是应当鄙弃和坚决反对的。"己不正，不能正人"，这是一条真理。所以，教师倘有不正之处，要马上改正，勇于在学生面前纠正自己的错误，为学生做出表率。否则，会大大有损教师的形象，教师的威信也难以树立起来，而且还会直接影响其教育效果。总之，教师若言行不一、表里不一，会污染学生的心灵，影响新一代的成长，给祖国的未来造成不可估量的损失。经验表明，知行之统一是教师应该具有的品格，不然，就失去了教育人的资格。

(3) 树立榜样，言传身教

教师应以身作则，为学生树立榜样，用个人的魅力去影响教育学生。众所周知，教师起着言传身教、为人师表的作用，教师积极正确的人生态度会激励学生，对学生日后明辨是非能力、为人处世的方式和健康心理的形成起着积极促进的作用。中小学生年龄较小，身心正处在迅速发展阶段，人生观、世界观还未确立，可塑性较大，独立辨别是非能力差。他们认识事物、辨别是非常常是从具体形象的事物开始。教师的言行和教师对事物所持的态度，都对学生有着特别重要的影响。因此，我们应强调教师的榜样作用，要求教师时时注意自己的修养，以自己的实际行动，去教育、感染、陶冶、影响学生的情感和心灵。

(4) 恩威并重，尊重学生

教师在对学生进行思想教育时，一定要一丝不苟、决不纵容，要树立教师的威严，这样教师语言才具有权威性，学生才会重视。教师的教育语言要想走入学生的内心世界，在运用时必须要有声有色、有血有肉，生动有趣又不失哲理。用灵活生动的语言表达丰富深刻的思想，多用生动、形象的比喻把深刻的人生哲理深入浅出地传递给学生，使学生接受教育时易于接受。但同时也要充分地尊重学生，尊重他们身心发展规律，设身处地多为学生着想，坚持原则的同时，方法要灵活。

(5) 循序渐进，持之以恒

教师教育学生，目的在于让学生掌握知识，弄懂道理，联系实际，解决问题。这就一定要循循善诱，动之以情，喻之以理，教之以法，使学生愿意学、自觉学、主动学。教师教育学生时，要明白教育过程不是一朝一夕完成的，学生思想转变也需要时间，并且学生正处在思想建立期，因此思想也易变，需要教师有足够的耐心和细心，要持之以恒、反复教育。

(6) 对症下药，扬长补短

有的教师训斥学生时常说："你和某某都是人，看看人家，看看你，回家怎么交代！"教师的本意似乎是想表达见贤思齐的愿望，激发学生比学赶超的热情，殊不知其副作用也是相当大的。一是使学生感到茫然，对自己的缺点没有理性的了解，对别人的优点缺乏具体分析，想学先进，无从下手；二是让学生产生错觉，误以为教师有片面性，戴着有色眼镜看人，只看别人的长处，光找自己的岔子，隔阂加深，内心不服；三是使学生间关系疏远，轻则彼此敬而远之，各行其是，重则相互仇视，挑衅肇事，势必事与愿违，越搞越糟。假如抛弃旧的方法，帮助学生有计划地剖析思想，提高觉悟，教给学生学习方法，启发学生学习兴趣，激发学生学习热情，那就不难收到对症下药、药到病除、扬长补短、逐步提高的效果。

3. 教育语言指导策略

(1) 以"理"服人

说话有理，是思想教育力量之所在，"理直气壮"就有这个意思。教师要晓人以理，自己就要懂得明理；要教育学生，自己首先要受教育，应该比学生学得多一点，理解得深一点。如果教师自己一知半解，似懂非懂，只能误人子弟。有的教师平时不读书、不看报、不调查研究，教育学生长篇大论，夸夸其谈，所说的无非是一些过时的老话、现成的套话、没有多少正经道理的空话。这样的教育，很难说有什么实际的教育效果。教师说了大半天，学生还不知其然，重要原因就是空话连篇。

(2) 以“心”感人

发自肺腑之言，既是对受教育者的尊重和信任，也能使人有亲切、贴切、真实之感。如果教师言不由衷、口是心非，说的并不是自己的真实思想，只是为了随流、赶时髦，那么你讲的绝不可能真切，听者也会觉得不自然，这实际上是在愚弄学生。有的教师课内课外、台上台下完全是两种人格，扮演着两种相反角色，这样的教师所进行的教育，怎会有良好的效果！要做到言为心声、心口如一，教师就要放下架子，平等待人，以心换心，切莫以教育者自居。即使对某些问题自己一时也吃不透，或者有这样那样的想法，也在所难免，应该以共同探讨、相互学习的方式来解决。

(3) 以“真”为本

教师教育学生时，一定要先弄清事情的来龙去脉，还原事实的真相，要摆事实讲道理，以事论理，使理明白透彻，浅显易懂，便于接受理解；以理叙事，能认识事物的本质，把握它的规律性。如果教师空洞说教，不求事实的真相，言而无物，即使说的有理，也只是苍白无力的教条，失去了它的吸引力和说服力。

(4) 以“信”为根

言而有信，指的是所说的话令人信服，做出的承诺要兑现。言而无信，不但会失去教育的作用，而且是一种不负责任、对教育对象不尊重的表现，其结果是有损自身的形象，有害思想教育工作的声誉。“一言九鼎”、“一言既出，驷马难追”，都是告诫人们对自己所说的话要负责任。现在有的教师上课或找学生个别谈话时，有些学生不感兴趣，甚至反感，这并不是学生拒绝接受教育，不需要真理，

而是在于教师的可信度。影响学生可信的因素，突出的有两种：一是教师形象不佳，说和做脱节，要求学生的正是自己违背的；二是有的教师信口开河，随便做出许诺，事后不兑现。可信先要可敬，而可敬不是靠教师的威严地位，而是要靠教师者自身的崇高形象来获得。

五、教师体态语言艺术的魅力

体态语言又称动作语言，是辅助补充课堂教学内容的言语活动，包括利用肢体强调、指示和交流而进行的肢体语言，也包括控制调节教学过程、组织维护课堂纪律而进行的肢体语言。

体态语言是通过人体的动作、表情来表达含义的符号或代码系列，简称为体态语言。例如我们常说的“摇头不算，点头算”，就是用摇头或点头来表达同意或不同意的信息；又如我们常用竖起大拇指表示“好”；用微笑表示满意；用咬牙切齿表示愤恨；再如聋哑人完全是通过手势语传递信息的。总之，在人们的交往和信息传递中，有两种语言，一种是有声语言，即我们所说的话语；另一种就是体态语言。有声语言是通过耳来接受的，而体态语言则是通过眼来接受的，也称为可视语言。在人们的可视交往中，有声语言和体态语言是不可分割、同时存在的。很难想象你和一个人谈话时，那个人既没有一点表情，也没有丝毫动作，否则那只能是一台“录音机”。

体态语言具有悠久的历史，德国心理学家 W · M · Wun-de 认为，最远古的时候，人们用“手势语”表达思想，声音只是用来表达感情，后来人们才用声音表达思想。自古以来，人们就用“察言观色”来推测一个人的内心世界，又用“指手画脚”来传递某种用意。但是真正把体态语言作为一种科学来研究，才始于 20 世纪 70 年代。伯德惠斯戴尔设计了一套可以用来记录面部表情和身体动作的“身势语”最小单位的符号。这个符号单位精心细致地描绘了由代表人体八大部分的八种基本符号而派生出来的各种不同符号：整个头部、脸、躯干、肩、臂和腕、臀部、腿和踝、脚动作和走、颈部动作。它们组合在一起便形成了“身势话语”。美国文化人类学者爱德华 · 蒂 · 霍尔分析了形体学，并且也设计了一套用来研究交际时人与人之间的空间位置的界域学符号。目前,人们对体态语言的研究更深刻,运用更广泛了。

体态语言运用在教学中，就是我们所说的教态，即一个教师在教育、教学中的形态。这个问题对教学工作具有重要意义。好的教态不但可以增强知识的传授效果，而且通过情感的影响可以起到教育学生、启发学生、激发学生非智力因素的作用。在教学实践中，有的老师因为手势不明确给学生带来错误的认识；有的因教态不好，引起学生的反感；有的因表情不当引起学生的误会等。所有这些都是没有正确使用体态语言带来的后果。所以我们一定要重视体态语言的研究和运用，从而进一步提高我们的教育、教学质量。

1. 体态语言的特点

(1) 多义性

体态语言主要起到辅助教师完成教学内容或是达到教育目的作用，特点是伴随教学教育语言的表达而出现，补充教学语言信息，强化语言的表达功能，增加说服力和感染力，给学生留下深刻的印象。由于体态语言具有多义性，运用时一定要伴随教育教学内容，结合有声的语言准确地表达，才有利于知识的传播。

(2) 情境性

不同的情景体态语有不同的意义。如课堂教学情景，教师在学生回答问题时随时点头可能使学生发生误解，以为教师同意学生的答案；在校园教师与学生谈心时，学生向教师倾诉，教师点头也许是鼓励学生继续叙述等，不同的情景下对同一体态动作，会有不同的理解。

(3) 差异性

主要体现为民族文化的差异和个体差异。相同的体态动作，不同的民族会产生不同的意向。同时，即使教师处在相同的文化背景下，由于经历、气质、习惯等差异，在解读体态语言时也有着很大的区别。

(4) 辅助性

这一特点是不言而喻的。除了聋哑人，没有一个人能够全部用体态语言来表

情达意。体态语只是支持、辅助有声语言，加强有声语言的力度，增强有声语言的效果。换句话说，体态语言经常是伴随有声语言而起作用的。国外一些研究者提出了一个交际效果公式：交流的总效果 =7%的有声语言 +38%的音调 +55%的面部表情。还有人研究，认为一个人每天平均只用 10 分钟的时间讲话，平均每句话占 2.5 秒钟，人在面对面交流中，有声部分低于 35%，而 65%的交际信号是无声的。

这些数字我们认为只是研究体态语时的一个参考，但是一个道理是明显的，体态语言在交际中的辅助性并不说明体态语的无足轻重，虽然体态语是辅助的，但它的作用却是不可替代的。这一点可以从在家看剧本或听话剧录音和到剧院看话剧的不同效果来证明。有人说，我们永远无法从印在纸上的演说词来认识一个演说家是为什么成功的。有时印在纸上的演说词可能是平淡无奇的，但当时确实得到很大的成功。他的演说并不全是他口中说出的语言，实际上包括他展现在听众面前的整个体态，包括他说话时的声调、手势、面部表情等。这一特点在班主任工作及其他科任教师的教学教育活动中体现出来。同一堂课、同样的内容，有的教师讲课学生喜欢，有的教师讲课学生睡觉，其中很重要的原因就在于教师体态语言艺术的运用。

(5) 习惯性

人的体态语言的习惯性很容易理解，因为你不用准备体态语言（当然服饰除外）。上课前，你要备课，但却没有必要设计你的手势和微笑。有人说，演说家在演讲前要练习手势、动作。我们说，那他是表演。反过来，人体的体态语言又是可以通过练习来改变的。比如有的学生一着急就咬手指头，表示他的烦躁不安。这是一个习惯性的体态语言。这个习惯性的体态语言是可以通过对自己的要求而改变的。又比如，有的教师在与学生讲话时喜欢用手指指点学生，引起学生的反感，对于沟通师生感情非常不利，这位教师通过自己的努力改正了这个毛病。

(6) 真实性

社会是复杂的，而语言是复杂社会的反映，长期的社会利益争斗造成了语言的欺骗性和隐蔽性。而体态语言较之口头语具有更大的真实性。这一特点是由体态语言的习惯性决定的。人的体态语言是人的内心意识与潜意识的一种反映，人的内心情绪或感情的变化常常会在体态上有所反映。

人随着年龄的增长，体态语言也会逐渐变得越来越隐蔽。例如一个幼儿或低年级小学生说谎话时，会毫无顾忌地用手捂嘴巴；而当一个初中生说谎时，有的用手轻轻触摸一下嘴角；而当一个成人说谎时，几乎看不出什么体态的变化。

无论年龄的增加使体态语言变得如何隐蔽，想百分之百地掩盖内心的真实情感是非常困难的。国外有一种“MMEs”的说法，意思是“细小短暂表情”。这种表情表露时间非常之短，在这短暂的时间里一个人的思想和表情有一搭接现象，会从面部表情流露出来。一位经验丰富的班主任老师会从学生的这短暂的表情泄秘中探得学生心中的秘密。

2. 体态语的作用

(1) 传递信息作用

在教学过程中教师运用体态语言可以补偿、代替和强调教师语言运用所不能表达的含义，特别是对于低年级的学生，当学生不理解词义时，通过体态语言能更形象地描绘其含义。另外体态语言可起到强调语言信息的作用，使知识传递更加顺利，最终达到教学目的。据研究，各种感觉器官接受信息的比例是：视觉87%，听觉7%，嗅觉3.4%，触觉1.5%，味觉1%。体态语言是一种视觉语言，它完全靠视觉器官感知。所以在信息传递中，体态语言的信息量特别大。而且体态语言的信息通道也相当宽，因为体态语言可以通过动作、表情、人体符号（如指纹、面纹)、服装、发式、交际距离等形式传递信息。所谓“百闻不如一见”就是这个道理。在学习时，函授的质量不如电视教学，电视教学又不如课堂教学，恐怕也多源于此。因而我们在教学中，应大量运用体态语言。

(2) 指示教育作用

教师运用体态语言，能很准确地表达出教师的态度，从而影响学生的行为态度，可以起到指示教育的作用。有时无声的体态语言更胜过有声的教学语言，利用体

态语言可配合其他语言完成教学任务。

（3）交流、表达情意作用

体态语言运用得体会产生有声语言达不到的情感共鸣。因为体态语言具有外显动作以及直观形象的特点，其特点是可以激发学生的情感情绪，引发学生的学习兴趣，教师通过体态语言把自己的心情传递给学生，启发学生情感，并产生共鸣，使学生有了很深刻的理解，最终和教师形成积极的情感互动。人的面部形态，可以表达人的内心情感，这是任何其他动物所不具有的本能。克特 · W · 巴克曾引用惠斯戴尔 1970 年的一个估计 ："光是人的脸，就能做出大约 25 万种不同的表情。"所以，人们的脸部可以表达多种情感，如喜、怒、哀、乐、愁、恐、悲、欢等。人的表情是内心世界的"窗口"。有时，虽然没有语言，但是我们通过人的表情，就可观察出他的处境和心情。有时可达到"见其面，知其心"的效果。所以我们在教学中一方面要注意自己的表情给学生带来的影响，另一方面也要善于观察学生的表情，从而获得反馈信息。尤其在教育学生时，更应特别注意观察学生的表情动向，以便有针对性地进行思想教育工作。

（4）调控教学进程、组织管理教学秩序作用

教师往往通过自己的体态语言来实施对教学过程的调控与管理，当学生不认真听讲时，教师通过眼神警告，一可维护教学秩序，二可避免伤学生的自尊心。

（5）可靠程度高作用

根据弗洛伊德学说，要了解说话人的深层心理，即无意识领域，单凭语言是不可靠的，因为人类语言所传达的意识大多属理性层面，经过加工整理后表达出来的语言，往往不能直率地表达一个人的真正意向，这就是所谓"言不由衷"。爱德华 · 霍尔在他的《无声的语言》一书中说 ："无声语言所显示的意义要比有声语言多得多，而且深刻得多，因为有声语言往往把所要表达的意思大部分，甚至绝大部分隐藏起来。"所以在教学中，我们应该深刻地观察学生的体态反应，从中调整教学内容、教学方法，以收到良好的效果。

(6) 增强表现力作用

因为体态语言是一种可视性语言，是一种立体的语言艺术，所以表现力强，表达内容丰富。例如演出同一个剧目，你是愿意听广播呢，还是愿意看现场演出？可想而知，显然是后者。因为后者不但使用声音语言，还配合体态语言，这就使演出生动、形象、逼真，具有更大的吸引力和感染力。

第二节　教师语言的特殊性

一、教师语言的艺术性

教师语言的艺术性是指运用语言反映客观事物，表现思想时达到准确、鲜明、生动、完美的程度，也就是富有个性和创造性的、完美的语言方式。

1. 教师语言艺术的作用

教师只有运用好语言艺术，才能把课讲得生动有趣，把自己要讲的知识和道理讲明白、讲得透彻，使学生听得懂、听得明白。人们通常把课堂教学上升为一门艺术，许多人为之奋斗一生的一门艺术。而语言又成为这门艺术中的关键所在。课堂语言是师生在课堂中呼吸的空气，不知不觉地流出，不知不觉中传递着知识信息，交流着情感和快乐。同样的教学方法、教学内容，因为教师语言艺术处理的不同，教学效果就可能相差 20 倍。教师语言表达的艺术手段是教师最重要、最基本的职业技能。教师的教育、教学工作，无论是传授文化知识、培养能力技巧，还是启迪学生的心灵、陶冶学生的情操，都离不开语言。一个教师说话水平的高低、口语能力的强弱，直接关系到教育教学工作的成败优劣，也会对学生素质的提高产生潜移默化的影响。

2. 教师语言艺术的修养

要学好语言艺术，就应该系统学习语言知识，学习语言大师的语言艺术，学习人民大众的语言艺术，学习前人的语言艺术成果，通过理论联系实践加深理解和掌握语言艺术知识，逐步提高自己的语言艺术水平。总之，教师的言语修养在极大程度上决定着学生在课堂上的脑力劳动的效率。我们常常发现这样一种情况：有些教师专业精通、学识丰富，但教学效果总是不理想。究其原因，并非这些同志事业心不强，而是他们驾驭教学语言的能力不高。“意无言则不行，言不畅则意不达”。教学是一门科学，也是一门艺术。教学语言的艺术不是蜜，却能“粘”住学生。教师面对的是活生生的人，只会冷冰冰地进行知识发售的人，也许可以熟练地操作机器，却无法启动心灵的闸门。

提高教师教学语言素养这一问题，在深化教学改革、全面提高教育质量的今天，尤其显得迫切。所谓教学语言素养，实际上指的是一种适应职业特点的，融语言的准确性、条理性、科学性、艺术性于一体的表达才能。加里宁说过：“语言是表达思想的工具。”

二、教师语言的规范性

教师语言的规范性，指教师语言要依照国家颁布的普通话标准准则进行教学活动。现代教师语言要符合现代汉语语法规则，语音要严格依照国家颁布的普通话标准。

1. 教师语言规范的特点

(1) 专业术语准确

不同的学科都有专业的术语，教师在教学活动中要集中使用术语，一定要准确到位，如音乐课，需要用大量的音乐术语去表达，只有科学准确地运用才有助于学生的理解和掌握，并为进一步学习打下坚实的基础。

(2) 概念正确

概念是反映客观事物一般的、本质的特征。教师在解释运用概念时一定要正确，通过教师正确长期地讲解，才能逐渐渗透到学生的知识库中。因此概念运用是否正确、解释是否到位、表达是否明确直接影响到学生的理解程度。

(3) 常识性知识和名言名句运用精确

教师在传授知识时，经常会涉及到用一些基本常识辅助教学内容，也会常常引用名言名句来渲染课堂气氛，增强教学效果的趣味性，因此教师运用语言时一定要表达精确、切题，它将关系到学生的基本功是否扎实。

2. 教师语言规范的作用

教师语言使用得是否规范合理，可直接影响到教学效果，教师语言规范起示范性作用，对学生语言产生正面的示范效应。

（1）教师规范语言的使用，可以帮助学生形成良好的语言习惯，从而正确地运用语言、语法和词汇清楚地表达自己的思想，便于与他人之间的沟通。语言运用的得体、词汇的丰富也强化了中华民族语言的语言文化。

（2）教师使用规范的语言可以帮助学生构建正确的逻辑思维，对学生思想表达和逻辑推理等思考方式产生积极的影响，培养学生科学抽象思维的能力，为我国科学事业发展培养出更多的人才。

（3）教师使用规范的语言，便于学生理解掌握所学的文化知识，也为学生形成良好的素质奠定基础，进而提高整个中华民族的文化素质和知识修养。

3. 教师语言规范的要求

教学语言规范而生动、准确而幽默，它的渗透性就强，就容易激起学生思维的波澜，优化教学信息的输入功能。有人做过抽样调查，在“学生最喜欢的老师”中第一条就是“上课认真，声音宏亮；语言清晰、活泼、生动、幽默、有趣”。

（1）语法要“严谨”

教师语言要符合语法规范，根据语言结构的规则进行组织。在正确统一的规则下学生才能理解。有的教师不重视语法要求，课堂表达中拖泥带水的现象仍旧普遍。有的教师讲课“恩啊”连篇，如有位老师组织小朋友看书：“小朋友都看自己的书啊，观察一下画面上的内容啊，呆会告诉老师你看到什么啊。”几乎每句话

都用一个“啊”字来强调，甚至在家长会上发言也是“我们这个学期的活动安排有些调整啊希望家长能理解、支持我们的工作啊”，这样表达出来的语气显得太过强烈，也给人一种累赘的感觉。这位老师也不曾意识到，在不知不觉中已形成了习惯。有的教师讲课没有滤清平时口语中的口头禅，显得贫乏，甚至庸俗；还有的教师片面强调激发兴趣，一味口若悬河，插科打诨，殊不知把该表达的思想和知识淹没在莠草之中，大大降低了表达的效果。课堂表达剔除赘言，做到准确详明、干脆利落，是件极不容易的事，需要有恒心和毅力。在平时的备课中，就要做好去粗取精、去伪存真的过细工作，尽量将那些不合语言规范、容易分散学生注意力的内容删去。

（2）语音要“标准”

教师语言要使用全国通用的普通话。推广普通话是国家一项重要的语言政策，也是教师职业的语言，教师合理地使用普通话进行教学是推广普通话的有效途径，起着模范作用。另外，作为教师，说话的频率特别高，这就决定了我们必须学会发声，只有科学的发声才能让我们的语音听起来标准。声音应该从胸腔里发出，听起来洪亮，说起来也不吃力；若是从嗓子里发出来，声音放不大，说起也费力。说话声音好听，也是人们追求美的一个重要方面。这有其先天声带发育的条件，也有后天保养的原因，后天保养与嗓音有密切的关系。保护嗓子不是一朝一夕的事，而是每时每刻都应该注意的事情。

（3）语义要“明确”

它指表情达意要准确，分析论证要完整，尽量防止支离破碎、歧义、含混，注意词义、句式、语意的逻辑性、条理性，符合知识的科学性、系统性要求以及学生的认识规律、接受能力，使信息的传递准确无误。可以想象，授课时表达含含糊糊、闪烁其词，难免会使学生如坠云里雾中。首先，要使教学思路清晰有序，明确教学的重点，从而确定教学语言的运用，做到条分缕析、清晰畅达。其次，对比较深奥的知识，要力戒峰回路转、九曲三弯式的讲授方法，应当抓住要害，开门见山，一语道破，在知识点的联系中，做深入浅出的讲解。教师在设疑时，也要注意发问用语的精当简洁，让学生尽快悟到要领，迅速处于紧张的思维状态。只有这样才能思路清晰、语言准确、逻辑有条理，才能使学生明白你讲课的意图。

总之，平时兼收并蓄，教课时才会根据需要信手拈来，恰到好处，使课堂教学倍增丰采。提高教师的教学语言素质是当务之急，但它又不是一蹴而就的。“功夫在诗外”是陆游做诗的经验之谈，锤炼教学语言的功夫也应该在“课外”，需要点点滴滴，日积月累，潜心苦练。因此，也可以这样说，它将伴随教师整个讲坛生涯。

三、教师语言的情感性

教师在与学生教学互动过程中产生的一种情感反应，是通过教师运用情感性的语言，激发学生内心世界，触动学生学习的动力，使学生更易于接受教师传授的知识。饱含真情是教学语言的魅力之源。只有注入真情实感的教学语言，才能产生像磁石一样的吸引力，触动学生的心弦，引起心灵的共鸣，使学生对教学内容产生浓厚兴趣。

1. 情感性语言的作用

(1) 融洽师生关系

教师用情感性的语言营造师生融洽的教学情景，营造一种愉悦的教学情景，使师生互相关心、体贴、尊重，创造良好的沟通氛围，便于和学生沟通，增进师生之间的情感。教师运用发自肺腑的真情实感去拨动、震撼学生的情感之弦捕捉到作者镕铸在作品中的情和意，获得与作者情感上的共鸣。

(2) 激发学生学习动力

教师结合教学内容巧妙地运用情感性语言，会激发学生求知识的欲望，引起学生的共鸣，从而感染学生听课的热情，启发学生的心智，开拓学生的进取心。

(3) 渲染教学气氛，提高教学质量

教师在教学过程中注重运用情感性语言会收到良好的教学效果，进而提高教学质量。

2. 情感性语言的运用

(1) 巧用情感性语言

教师面对学生讲课时，为了调动学生学习的积极性常常巧妙地运用情感性语言，特别是数理化等科目，科目抽象、专业术语多、逻辑性强，学生在接受时很难吸收。如果多用朗读式语调，注入自己的情感，以声传情，声情并茂，形象逼真地描绘，这样让学生在听觉上产生一种美的视听效果，激发学生学习的热情，诱发感情。教一篇课文，要研究一下从什么地方讲起学生最感兴趣，最能吸引他们，最快沟通他们的心理。诱发他们的感情，选好教学的突破口是关键。学生的感情萌发了，对所学课文就能产生强烈的学习欲望。

例如：朱自清的《背影》，主要写的是父亲送别儿子的事情，表达了浓烈的父子之情。为了唤起学生的情感体验，教师说——

同学们，俗话说："父子之情大如天。"我们很熟悉唐代诗人孟郊的《游子吟》，大家一起来背诵：

慈母手中线，游子身上衣。
临行密密缝，意恐迟迟归。
谁言寸草心，报得三春晖？

是的，孟郊描写了慈母对游子的爱抚之情，也抒发了游子对母亲的依恋之情，真是母子情深啊！今天我们要学习的课文是朱自清先生的《背影》，作者又是怎样表达父子之情的呢？

一首诗，一席话，诱发了学生的感情，为学习课文作了感情的铺垫。人同此心，情同此理，学生心灵的情弦被教师拨动了。诱发感情，在于找到与课文相关的诱因，或者"牵牛鼻"抓住主要矛盾，或者"执钥匙"打开学生的心扉，或者占领"制高点"，燃起学生感情的火焰，或者"开闸门"倾泻感情的潮水，等等，因文而异，因人而异，各得其妙。

(2) 多用充满真情实感的语言

教师多用真情实感和学生交流，会增添学生对教师的信任感，并能触动学生内心深处。特别是问题生，多用充满真情实感的话与之沟通，会使学生感受到你的真情实意，打动他们的内心，才愿意和教师交心，从而使教师赢得学生的心。

(3) 适度运用充满情感性的语言

教师语言的情感表现主要受到教学内容和教学目标的制约，要掌握适当的“度”。教师情感性的语言要与教学目标、教学内容、教学情境紧密联系在一起，服从教学任务的需要；教师要善于控制情感，使它在合适的“度”内流动。如果教师不加控制随意宣泄自己的情感，教学语言的情感不但会失去应有的魅力，还会干扰教学任务的完成。

3. 情感性语言的修养

(1) 思想道德情感的修养

教师的思想道德意识和情感的素质，决定教师对情感性语言的修养和运用。只有具备高水准的思想道德意识，才能热爱自己的教学事业，才能积极地发挥自己的教学才能，把对事业的热爱和对学生的热爱融为一体，把这种崇高的道德意识时时刻刻渗透到教学活动中去，利用语言把这份情感表达出来。

(2) 学习中提高情感性语言的表达

教师要根据自己的教学实际情况，借用或学习他人的情感性语言表达的经验，通过实践熟练地掌握并融入到自己的情感，变成自己的语言，为己所用，这样才能融会贯通，运用自如，使之成为表达自己的思想情感的语言。

(3) 实践中创新情感性语言

教师只用在教学实践中才能历练自己的语言，在实践教学中反复运用才能达到自如的表露，也只有在多次的实践中才能验证情感语言表达的教学效果，才能创造出新的情感性语言，不断丰富自己在教学实践中的情感性语言，形成良性循环，提高自己情感性语言的水准。

四、教师语言的哲理性

教师语言具有哲理性，它是教师语言的精华，是教师在教育实践中提炼的富

有哲理性的语言，掌握并运用好哲理性语言才能有效地启发学生深入理性地思考，给学生深刻的思想启迪。

1. 哲理性语言的作用

(1) 启迪启发

教师在传授某一知识点时，巧妙引用哲理性语言会强化学生记住知识，启发学生思考。

(2) 简明深刻

哲理性的语言，吸取思想语言的精华，用简短、精炼的话说明一个深刻的道理，教师运用哲理性的语言会激发学生深入地思考。

(3) 教育育人

教师运用哲理性的语言说明道理，帮助学生建立正确的人生观和世界观。

2. 哲理性语言的修养

(1) 吸收、掌握语言

哲理性语言最为深刻丰富，教师要吸收大量的古今中外具有哲理性的语言，继承前人的哲理性语言成果，才能熟练地掌握尽可能多的哲理性语言，从量的积累到质的飞跃，做到需要的时候随手拈来，运用自如。

(2) 认真查阅，理解原意

哲理性语言的特点是在特定的环境条件下孕育产生的，所以只用查明哲理性语言的出处，查清来龙去脉，了解作者用意，才能准确理解其含义，在运用哲理性语言时才能给学生以正确的解释。

(3) 古为今用，创新语言

教师在运用哲理性语言时一定要灵活，要结合教学内容。可以根据教学实际情况或现实教学环境进行改造，加以利用，也可以运用哲理知识，对教学活动和社会生活中的现象加以概括，创造新的符合教学内容的哲理性语言，这是教师进行哲理性语言学习和修养的一项任务。

第二章　提升底蕴：教师语言艺术的修养

第一节　道德修养

响亮的耳光打丢了师德

一节语文课，教师让几个学生到黑板前默写生字，写完后，学生一一回坐，只有一个学生磨蹭好久还没离去，教师仔细一看，只见这学生面前的黑板，一字没有，有的只是学生调皮用嘴哈气无数个圈圈，全班哄堂而笑。教师心中不由一怒，质问说："为何一字不写？"学生不语，只是傻笑，教师火气更大，严厉地责备："你不但字写不出来，还搞恶作剧，你十个心眼九个是坏的。"说完，教室又是一片哄笑。这学生方才还傻笑的脸瞬间僵硬，随即装作不在意的样子说："不是还有一个好心眼吗？够了就行呗。""哈……"下面的学生一阵狂笑，教师怒不可扼，只听"啪"的一声，响亮的耳光不设防的从天而降，学生愣了，教师还不解气，喋喋不休地说："不修理你，你不知道自己是谁？写不出来还有理了，今天我就好好教育你，看你下次还敢不敢顶嘴。"教室立刻鸦雀无声。

谎话赢得了表扬

"今天，我们作文题目是《我学会了＿＿＿＿＿＿》，现在请同学不命题补全"，在教师熟练的启发，班级里学生们欢声雀跃，个个神采飞扬，思维流动。李华说："我学会了做饭，全家人吃着我做的饭菜，笑得是那样的开心。"张飞说："我学会了

洗衣服，解除了父母对我独立生活的担忧。”顾颖说：“我学会了学习，我在老师的帮扶下，努力探求适合自己的学习方法，寻找各个学科的知识链，找规律、系统化……”调皮的王洋也按捺不住，急切地说：“我学会了撒谎。”话音刚落，班中哗然，接着是一阵捧腹大笑，教师心中有些不解，但看到调皮的王洋有些慌乱，感到也许王洋不是故意扰乱课堂，于是耐着性子缓缓问道：“为什么？要知道撒谎并不好，有什么理由吗？别急慢慢讲，让大家判断一下这样做对不？”

王洋面色慢慢缓和下来，断断续续地讲起来：“奶奶和母亲常为一点小事而吵得面红耳赤，有时不可开交，父亲忍受煎熬，待家中战争稍稍平息，只有我去安抚两位战士——奶奶和母亲。有时爸爸做些好吃的，我盛好端到都在生气的奶奶和母亲的床前，对奶奶谎称说：这是母亲叫我端来的，她觉得刚才对您有点过分了，自己不好意思来。对母亲谎称说：这是奶奶叫我劝慰您的，她说她人老了，有点糊涂了……，可是我的谎话不自然，她们看出破绽，所以我要……”慢慢地教室静了下来，教师激动地说：“王洋，美丽的谎言赢得了家庭的和睦，我们为这样善解人意的谎言而鼓掌。”在教室的一片掌声中王洋有些不好意思地缓缓坐下，但神色很是骄傲。

案例解析：

从教学案例中，我们看到两位教师面临教学活动中突发的事件，采取了截然不同的处理手段。第一个教师用比较激烈的言语、粗鲁的动作压住学生的反抗，但却深深地伤害了学生的自尊，也许会给学生留下一辈子的阴影，而第二个教师面对同样的调皮的学生，细细观察，耐心地询问，知道缘由后，及时地表扬与鼓励，保护了学生的自尊。这鲜明的例子，折射出教师的道德素养何等的重要，教师得体的言语又是何等的必要。一个品德高尚的教师处处以学生为本的准则要求自己，做到言语上关爱学生、尊重学生，即使遇到棘手的事件也会细心观察，耐心地倾听学生诉求，而不是简单地、不加思考地应付，或毫不理会，甚至以粗暴手段加以打压。只要教师放低身子，善于倾听学生的发言，适当地调整自己的教学思路，尊重学生合理的要求，就会发现，我们和学生走得越来越近，收获的惊喜越来越多。

教师的道德，即教师的职业道德，它是教师在从事教育教学活动中所应遵循的行为规范，突显的是一种思想高尚、行为严谨的职业道德准则。教师职业道德虽随时代的发展变化而不断改变，而最基本的教师品德、职业规范和育人宗旨随着历史的变迁，没有沉没反而增强，只是更强烈地打印上时代标签，负载着时代的气息。现如今社会处在经济大发展的时期，物质横飞的世界不断地冲击我们的生活，时刻左右着我们的思想。经济发展得如此之快，不免让人内心躁动，经济的直线增长反映了社会衡量事物的标准向着更快、更高、更多的一种“奥林匹克”准则要求发展，而忽略或漠视人性的关爱、人性的互助、人性的需求，因此经常上演灭绝人性、道德沦丧的事件，才会远有“马加爵冷酷的一锤”，今有“药家鑫激情一刺”的惨剧的发生。如果说教师是塑造人类灵魂的工程师，是净化人类心灵的守候者，是启发人们心智的促使者，那么教师的言语行为就是一面镜子，既能影射出教师品德高尚的光辉，也能显露其狭隘之心，因此现代教师更应恪守职业道德之情操，严格律己。要做到这些，就要重视教师的语言道德素质的培养，要以善为本，以爱为根基，培养自己春蚕吐丝、甘愿奉献的精神；还要勇于更新观念，树立现代教师新形象，敢于接受新时代的挑战。

一、以善为本，以爱为根

陶行知说：“爱是一种伟大的力量，没有爱就没有教育。”作为现代教师更应该时时刻刻把爱学生作为教育的终极目标。因为教师做的是一项爱的工程，在这教育过程中需要大量的时间、精力，乃至全部心血的付出，只有以爱为原动力，才有可能胜任教师这一光荣而又神圣的职业。只有思想上真正地做到以爱为轴心，心存善心地去关爱每一个学生，尊重学生的个性发展，才能在言语上表现出来。爱是教师师德最本质的内涵，没有情感的教育好比无水的池塘，没有爱的言语好比没有温暖的阳光。因此教育需要爱，教师要培养自己爱的能力，无论是从智慧上千锤百炼地培养，还是从理解、宽容、尊重的心态上锻炼，教师要用最真诚的爱的言语去感染学生，让学生在爱的言语中感受温暖、快乐，并由此学会爱别人，形成健康的人格。

1. 培养爱的智慧

爱是一种能力，现代教师需要有足够的智慧才能使自己在教育学生的过程中收到良好的效果，在施展爱的能力的同时要把握好爱的尺度，既不要娇宠纵容透支你的爱，也不要恪守死板吝啬你的爱，这需要智慧的驾驭去平衡，要从客观的角度去分析，理性地去把握事物的本质，感性地播撒爱的种子，也就是理性地做事，感性地做人，才能达到最佳的教育目标。

2. 培养爱的锤炼

爱是一门艺术，需要千锤百炼才能把握。一个优秀的教师不仅能从教学上不断推陈出新，在情感上更注意技巧操练，使其散发出爱的光环，吸引学生，感染学生，充分展现自己的个人魅力，不断地更新自我，为学生做好良好的示范，赢得学生的崇拜、尊敬、效仿，甚至是超越。苏霍姆林斯基曾说过："教师对学生真正的爱是一种强烈的不可抑制的愿望，这是一种要把你认为是自己身上最好的东西奉献给学生的愿望。"只有这样，教师以自己恰当的爱引领学生，让学生愿意亲近，学生才能"亲其师而信其道"。

3. 培养爱的理解

学生幸福的人生是被爱唤起的，在他们摄取知识的同时，也要让他们享受到情感的体验。教师带着爱去理解学生，理解学生的快乐与痛苦，理解他们的激情与叛逆，理解他们的美好与错误……在爱中等待学生的成长，用你的关爱之心、善解人意的语言去引导他们，在学生需要帮助时，投去关怀的目光，伸出温暖的手，让学生时时刻刻感受到教师就在他身旁，从未离开，把爱永驻在学生心中。

4. 培养爱的宽容

宽容是做人的美德，更显现出教师职业语言的道德修养。一位教师用一颗宽容的心去包容学生，容忍他们的错误或失误，用宽容的语气循循善诱，带着朋友般亲切的语调亲近他们，去感知他们心灵的呼唤，去触摸他们情绪的温度，倾听他们的话语与心声，多一点爱护少一点抱怨，多一点耐心少一点烦心，多一点希望少一点失望，你会感到对学生的宽容就是对自己的一份仁慈。

5. 培养爱的尊重

每一个生命个体都渴望被尊重，每一个受教育者都渴望平等。一个懂得尊重学生的教师才有可能赢得学生的心，当我们无意的言语伤害了学生，请记住及时地道歉并给予安慰的话语，这不但没有失掉教师的面子，反而能赢得学生的尊重。一个心怀善心的教师，在言语使用上一定会有些技巧，在教化学生的同时也让其感受到你的善良之意，体验到被尊重的感觉，久而久之，学生就会懂得、理解并感谢老师曾经对他（她）的善待与尊重。

二、更新教育观念，立现代教师新形象

观念不同，教师对学生的要求就不同，教师的语言使用方式也不同。教师的教育观直接影响着现代教师的言语行为，传统教学观念主要以传道、授业、解惑为准则，导致传统教学中教师语言多以教育为主，缺少民主，知识传送多以灌输为主，缺少启发，培养的学生多属于应用性人才，而忽略素质人性的培养。现代人才培养越来越重视人的情感培养，教师语言应用上更是要以人为本，从“授业”者转向发现问题的启发者，从“解惑”者转向解决问题的参与者。只有不断更新教育观念，教师语言才能彰显新鲜的活力，学生才能易于接受。因此，现代教师思想要不断创新；行动上发扬民主、尊重个性，时刻以学生为主体，显现人性关怀。带着这样的思想，教师在语言使用上方能符合时代的要求，成为学生喜欢、家长满意的人人可敬的好教师。

1. 勇于创新，敢于接受时代挑战

在中国古代，教育多以私塾教育为主，私塾教师照本宣科，学生死记硬背，教师能辨别句读，能解读文意即可。对教师的语言要求甚微，或者是毫不重视。到了近代学校教学，虽开始重视教师言语行为，但受“师道尊严”的影响，课堂教学中“满堂灌”现象十分严重。学生的创新思想被教师的“一家言谈”给压抑了，课堂显得沉闷，学生身心疲惫。而当今是信息化的时代，多媒体技术又抢占了课堂市场，教师的声音被声光、影光取而代之。传统“读”“说”“诵”“背”能力退

出了课堂。课堂教学缺乏一种亲和力，一种人文性，学生在体验现代科技教学手段的同时却少了一份情感的教育，感受不到人文的气息，长此以往培养的学生易冷漠，缺少激情。因此在现代科技迅速发展的时代，教师要合理地应用信息化教学手段，教师在语言使用上不要过分地依赖或迷恋现代科技，教师的言语在新时代要敢于创新与挑战，让教师的语言应用在新的时代背景下发挥得更加淋漓尽致。

2. 发扬民主，尊重个性张扬

现代教育思想的核心是教育民主化，指的是人人享有均等的教育机会。教师在教学活动中要树立民主意识，教师在与学生沟通时，要发扬民主，尊重学生的话语权，做到以理服人，同时也要最大限度地保护学生的个性差异，现代社会人才济济，需要各种各样的人才，教师应该挖掘学生的潜力，通过语言激励学生，鼓励学生，让学生真正地认识自我个性，充分发挥自己的特长。尊重学生的个性，允许多样化，重视个性培养，只有这样培养出的人才才具有创造力和开拓精神。

3. 以人为本，人性关怀

现代教育对象针对的是人的教育，人本身就有他特有的属性，存在七情六欲，存在情感波动。因此教育必须要体现人文关怀，要重视情感教育。教育面对的群体主要是学生，教育的一切手段都要符合学生现阶段的身心发展。教师的语言针对不同阶段的学生，要有所区别，现今社会，更推崇人文精神，教师则更应该以人为本，时时刻刻地把学生放在首位，站在学生的角度去理解学生，了解学生内心的需求，只有这样，教师在传播知识时才能做到以学生为主、教师为辅，教学过程才能从传统教师主导改为师生共同参与，教师语言使用才会以启发式语言为主。

思考与感悟

周四的语文课安排在上午第三节，经过第二节体育课的激情活动和第二、三节课间的广播操后，学生总是显得无精打采，因而第三节课总是特别难上。今天将要教授的课文是《心声》，为了活跃课堂气氛，消除学生的颓废状态，我还特地从网上下载了《心声》一文的配乐朗诵。我刚踏进教室，就发现今天的情况颇为异常：

平日七歪八倒有气无力的学生个个气定神闲，一副“恭候大驾”的样子。我心里暗暗嘀咕：“这帮小家伙葫芦里想卖什么药？”我若无其事走上讲台，不动声色地开始讲课，先是复习小说的相关知识，学生很配合，掌握的情况看起来似乎不错。然后我开始导入新课：“同学们，今天我们上本单元的最后一课——”没等我说完，学生异口同声地接：“心声——”我又随口问：“预习了吗？”“预习过了。”又是异口同声。有几个嘴快的学生叫起来：“我已经看过N遍了……”我心里大乐，笑容也浮现在了脸上。要知道平时催他们课前预习课文，完成任务的屈指可数，今天真是太阳打从西边出来了。

于是，我按备课的内容开始上课：请同学们先把课文认真默读一遍，梳理课文内容，看完后回答老师的提问。“不用看了，老师您有问题尽管问就是。”好几个性急的男生马上叫道。又是一个“意外”。看来，按照原先备课的内容来上，学生肯定不感兴趣了，莫非……我灵机一动：“既然你们对课文有了一定的研究，心里肯定有很多话要说，不妨把你们的高见发表出来吧。”许多同学一听我的这番话，表情兴奋，跃跃欲试，却又犹豫不定，不愿举手。学生的踌躇倒让我沉不住气了：“想说尽管说嘛——”在我的几次启发下，几个胆大的男生开始嘀咕：“老师，我说了你可不能生气……”既然到了这份上，我倒想看看他们葫芦里到底装什么药了，我当场拍胸脯保证，无论同学们说什么老师都不往心里去。我刚表完态，叶晨光迫不及待地站了起来，不屑地说：“我们学校的有些老师跟文中的程老师一样，上公开课时先把内容提前教我们。”巫素同学少年老成：“上课又不是演戏，专门给听课老师看。我觉得无论是公开课还是平常的课，都应该实实在在，目的是把课文教好，让我们学有所得。”班长叶芬芬评价较为客观：“程老师一心想上好课，为学校争得荣誉，这是好的。但他不应该只顾个别人，而忽视了其他同学的感受。”也有为程老师打抱不平的，语文课代表吴瑜芬坐不住了：“俗话说‘金无足赤，人无完人’，程老师虽然有缺点，但公开课关系到学校的荣誉，安排优秀同学朗读是正常的。而且，她最后不是被李京京感动了，让他读完全文了吗？”她的话音未落，几个同学把手缩了回去，似乎若有所思（都是一些平时成绩出色，受老师喜爱的好学生），更多的是遭来大堆同学的反驳，“咦”声一片（主要是调皮生）。成绩较差、平时没少挨批评的胡炳耀站起来“义愤填膺”地说：“程老师太偏心了，重视优秀学生，却忽视一般学生。如她让成绩好的赵小桢等人朗读课文，而不让嗓子沙哑的极想读课文的李京京读课文。我觉得太不公平了。”调皮顽劣的黄炳杰忽

然大声接了去："语文老师，你也差不多，这次要去县里比赛的同学都是你自己定的。"……

（节选自互联网）

思考题：

1. 今天我们提倡面向全体学生的素质教育，要尽可能地充分关注更多的学生，重视学生个体，发展学生个性。教师应怎样做才能发掘每一个学生身上的闪光点，并尽可能让其发挥？

2. 教师怎样才能离学生近些，是否应该弯下身子来倾听学生们的心声？

第二节　文化修养

借乐抒情

《荷塘月色》的讲解刚刚开始，陶妙如便道："我们已经知道，这篇以写景为主的抒情散文写于 1927 年 7 月的北京清华园。同学们再回忆一下历史课上学过的知识，1927 年 7 月，当时的中国发生了什么事？"

沉默了一会儿后，一学生举手："1927 年 7 月，正是第一次国内革命战争——北伐战争轰轰烈烈的时候，当时的蒋介石政府在军事上似乎处于十分不利的阶段。"

陶妙如："对，也就是说，《荷塘月色》写作前后，正是朱自清思想极端苦闷之时。他对大革命失败后的黑暗现实和白色恐怖的不满，使之陷入了苦闷彷徨之中。本文体现了作者希望在一个幽静的环境中寻求精神上的解脱而又无法解脱的矛盾心情。作者通过对淡淡的月光和朦胧的荷塘的描写，抒写了淡淡的喜悦和淡淡的哀愁，从而委婉、曲折地表达了作者不满现实、幻想超脱现实而又无法超脱的苦闷。

下面我们先来听一段阿炳的《二泉映月》。”一曲低沉的乐曲慢慢地在教室里弥漫，那如诉如泣的幽怨，让学生们情不自禁生出一种忧郁的伤感。突然，乐曲断了。陶妙如道："我们再来听一段法国印象主义大师德彪西的《月光》。"录音机里传来一段美丽轻快的旋律，让人有一种置身于晴朗而幽静的深夜中的感觉。几分钟后，轻快的旋律消失了。陶妙如问："现在大家回想一下刚才听两段音乐时的感觉，哪位同学来描述一下？"又有学生站了起来："先是感到很悲伤、郁闷，有一种压抑感，然后的感觉好像是换了一个环境，心情也变得好多了。"陶妙如赞赏地说道："描述得不错，现在我们来看看朱自清先生在《荷塘月色》中是如何用语言来表达这种复杂的心情的。"在陶妙如的引导下，学生们带着两种截然不同的心情，开始了《荷塘月色》的学习……

（节选自湖南长沙同升湖国际实验学校　优秀教师陶妙如的教学片段）

以乐导文

特级教师方莫林为了扭转学生们对数学课的厌恶情绪，引进了音乐教学法，在枯燥的数学教学中有机地渗透音乐，如用音乐歌曲记忆算理，用音乐游戏巩固新知，用音乐名曲消除疲劳。优秀教师李晓梧老师在课堂教学中也喜欢适当添加音乐，或配乐朗诵，或让学生唱一些和课文有关的歌曲，不仅调节了课堂气氛，给人轻松愉快的感觉，还调动了学生的情感，从优美的乐曲中体会课文的内涵。李晓梧老师在指导学生朗读《十里长街送总理》一文时，考虑到这篇课文所处的时代与学生已经很久远了，如何让学生在朗读时与作者的情感产生共鸣，真正地领悟这篇课文的主旨呢？他便想到在课堂上播放一段哀乐，看看会不会有效果。结果学生们在哀乐中受到了深深的感染，仿佛就置身于当时的那种环境里，他们用低沉、缓慢、严肃的语调读完了这篇课文，而不是以前的那种生硬、不带感情的语调。在学习唐诗《春江花月夜》时，李晓梧在课堂上播放中国古典民乐《春江花月夜》，让学生们在丝竹管弦声中形成对古诗语言的顿悟，领会意境和作者的情思。同时也让学生们在短时间内记住了这首名诗，而不需要在课后反复背诵才能记住。

案例解析：

如果这两位语文教师没有很深厚的音乐素养，就不可能十分巧妙地借助音乐来活跃课堂气氛，调节学生的情绪。一个教师的多才多艺会在传授知识的时候无形中显露出来，引领学生去体验学习的乐趣，很好地激发学生的学习兴趣，从而提高学习效率。同时大量的事实也证明，现代教师如果文化底蕴非常薄弱，会导致语言的贫乏，因为语言从来就不可能离开文化，离开了文化的语言教学往往既不能深入人心、吸引学生，更不能抛砖引玉地启迪学生。曾有一位年轻的校长去听一位教师的课，这位校长完全沉浸在这位教师精湛的讲解中，当这位教师提出问题，让学生回答时，这位校长忘记自己是听课者的身份，竟然举手要回答问题。我想校长这一举动已经很有力地证明了这位教师是一位具有很深厚学识魅力的教师。一个知识丰富的教师在传授知识时会很自然地用丰富灵活的言语进行讲解，讲得越生动、越明白，学生学得就越有劲，越想学。

反之，如果教师学识短浅、语言贫乏，学生就越听越糊涂，那么他们就丧失了学下去的信心和勇气。所以，作为一位老师，一定要注意积累丰富的语言知识，俗话说得好，打铁要得自身硬。语言是人类所特有的表达思想、交流感情的工具。作为“传道、授业、解惑”的教师，语言的功底也是衡量其工作水平和能力的一个重要标志。语言表达对于我们每个工作在教育第一线的教师都很重要，一定要有丰富的知识积累作为基础。因为如果教师想让学生明白自己所传达的意思，就需要我们在用语言表达的时候做到传情达意，要不然学生就不知教师所云是何意。教师的课堂教学语言是否流畅，这与教师的知识涵养、丰富的人生阅历、灵活的语言应变能力有着密不可分的关系。那么怎么做才能成为一个含有一定文化底蕴的优秀教师呢？

一、建立终身学习观

教师要树立终身学习的意识，不断学习和更新知识，完善自己的专业结构。教师职业的发展日益专业化，教师走专业化道路已成为世界潮流。教育家康内尔告诫世人："现代社会非学不可，非善学不可，非终身学习不可。"教师应以学习求发展，在教学实践过程中不断完善自己的知识体系和专业结构，要不断锤炼教学技能和教学基本功。

教师文化理念的守旧会导致脑筋僵化，限制其语言思路的发展。知识陈旧的教师不可能抓住学生的心，现代的学生不喜欢古板、单一、一味教条式的教师，而是喜欢那些学识渊博、多才多艺的教师。现今是知识和信息时代，要求教师应不断更新自己的知识结构，跟上时代的发展。建立终身学习观不仅是对学生的要求，也是对每个教师的要求。

1. 把读书变为习惯

读书是启动我们心智的钥匙，读书是我们获取知识力量的源泉，读书能修炼一个人的气质，读书也能让我们更加乐于思考……作为一名现代教师，一个知识的传播者，更应该养成读书的习惯，让读书成为乐趣，成为自己生活的一部分。

教学是一个教师内在文化的外化，如果腹中空空，教学永远无法进入游刃有余的境界。所以，苏霍姆林斯基说："只有当教师的知识视野比学校教学大纲宽广得无可比拟的时候，教师才能成为教学过程中的真正的能手、艺术家和诗人。"怎样读书？读书对教师语言有何帮助或启发？正如苏霍姆林斯基所说的："每天不间断地读书，跟书籍结下终生的友谊。潺潺小溪，每日不断，注入思想的大河。读书不是为了应付明天的课，而是出自内心的需要和对知识的渴求。如果你想有更多的空闲时间，不至于把备课变成单调乏味的死抠教科书，那你就要读学术著作。应当在你所教的那门科学领域里，使学校教科书里包含的那点科学基础知识，对你来说只不过是入门的常识。在你的科学知识的大海里，你教给学生的教科书里的那点基础知识，应当只是沧海一粟。"

泛读书。它不仅能扩展自身的知识面，还有利于拓展教师语言的思路和使用的角度。教师在传授知识时才会挥洒自如，滔滔不绝。

精读书。多读名著、名作家，吸取文化底蕴，教师从读书中积累一些精炼的词语、短句，这有利于提升教师语言的质量。

巧读书。现在是科技、文化和教育迅速发展的时代，是知识信息大爆炸的时代，教师应该巧读书，善取一些有用的书籍，量身订做地为自己挑选一些必备的书籍，在有限的时间内最大限度地猎取你需要的信息与知识。

2. 把学习变为享受

前苏联教育家马卡连柯曾说过："学生能原谅教师的严厉、刻板甚至吹毛求疵，但不能原谅教师的不学无术。"现代社会教育变革发展速度之快，向教师提出了更多要求。作为一名现代教师，应从多方面、多层次、多角度培养自我，要把"终身学习"的意识贯穿始终。只有这样教师在使用语言上才会出新、才会有意识地提高，因此教师首先要学会思考。教师要懂得学习的重要性和必要性，在教学实践中不断摸索、探索，勤于思考，在思考中学习，在学习中思考。针对教学实际状况做相应的变化，思考你的语言表达方式。思考你的语言表述环境，思考你的语言应用的技巧等，要勤思、勤说、勤练。其次教师要从多种渠道获得学习的机会，如通过网络媒介、师资培训、名家讲座等，真正地把学习当成一种享受。当今社会的发展趋势是从"学历社会"走向"学习社会"，在未来，要想让你的语言比对手更胜一筹，请记住你唯一的法宝就是学习语言的能力要比你的对手学习得更快。

3. 把求知变为意识

一名优秀的教师应不断向社会涉猎不同的知识，因为我们面对的是一群生机勃勃、兴趣盎然的学生，他们正处在思维活跃、求知心和好奇心都异常旺盛的阶段，会经常向老师提出各种各样的问题，因此教师学识越多，知识越渊博，他的课才会讲得越生动，谈吐越幽默，学生才越容易被吸引，愿意听从他的教诲。一个博学多知的教师必是一个演说家或语言艺术家，会让学生感受到教师语言的魅力，才会有"听君一席话，胜读十年书"的效果。因此，教师要有勤勤恳恳、孜孜不倦的探索精神，要有"路漫漫其修远兮，吾将上下而求索"的求知心，只有这样你的思维才永远是活跃的，你的语言才永远不会贫乏。

二、学习的七种途径

1. 交流学习

“你有一个苹果，我有一个苹果，彼此交换还是一个苹果。但如果你有一个思想，我也有一个思想，彼此交流，那么我们每个人都有两种思想。”交流是一种本能，人们渴望交流。交流是一种主体，一种情境，一种手段。面对面交流是种方式，网络交流更是交流感情、倾诉衷肠、增进友谊、互相学习、共同进步的媒介。教师需要发现的眼睛，教师需要自觉的行动，教师需要经常的反思，教师需要一个实践共同体。在反思中提高，在研究中成长，在锤炼中升华，在探索中进步。也只有这样才能真正打造充满魅力的课堂教学。

2. 深化教学技能学习

教学基本技能的深化和加强。所谓技能，指的是运用知识和经验执行一定活动的方式。锤炼语言技能应该从如下几个方面做起：深入浅出。“深入”，就是要有追求，要在教学工作中寻找快乐，只有如此，才能精通专业知识，才能不断深入下去。“浅出”。首先一定要知道自己是给谁讲，定位要准确——这就是我们教师最常说的“备学生”。要认真揣摩讲解对象的心理，精心设计教学过程，能出奇兵，具有吸引力。其次，语言要幽默。既然知识已变成自己的，那么讲解时就要结合自己的理解和感悟，要用自己的语言，讲自己的东西，要独一份，要炒出自己的色香味，品牌就是这样创立的。再次，讲什么都不能脱离现实、脱离生活。要有生活，牵手现在，古今结合。

张弛有度。教师讲课的语言应当有一定的速度。一般说来，对内容比较浅显易理解的知识速度可快一些；对内容比较深奥、难理解的知识要慢一些。

精练准确。规范的语言是教师的基本功，它包括教学用语的规范化，如词汇丰富、口齿清楚、语言流畅、逻辑性强、杜绝口头禅等。精练的语言可以节约学生的很多时间，恰当的适当点拨可以帮助学生思维实现认识的飞跃，对于概念和原理的表述必须准确，不能存在错误或含混不清。只有做到语言准确、符合逻辑，

才能做到以理服人。有了良好的语言技能，教学就成功了一半，虽然有些老师不是专业毕业，但可以靠自身努力去弥补。态度决定一切，努力比能力更重要。非专业教师可以通过以上三个方面来提高自己的语言技能。

3. 提高专业知识学习

教师可以先通晓专业理论，其次读背教材。教师读背教材时要做到“三读俱全”。一读目录，二读提示和课文，三读习题。再次，在读熟教材的基础上，深入研究教材。现代教师应具备相当水平的相关学科文化知识，这是教师维持正常教学和不断自我学习的基本前提，教师要对学科知识有一定的深度和广度；应该既懂得本学科的历史，又掌握该学科的新进展；还要有与本学科相关的知识，例如有关学科的知识背景、科学方法论方面的知识，等等；最后把专业学科知识变成自己的一种学科（学术）造诣，能够清楚表达出来。

4. 加强备课学习

要上好一堂课，离不开备课的艰苦过程。我们只有在备课时“想”得清楚，才能在教学时“讲”得明白。备课时先根据课标、教材理出授课思路，然后再参考各种教学设计和案例博采众长。千万不要反过来，那样容易被别人的思路牵着走。备课不仅要备教材，更要备学生。要突出让每一个学生都得到发展的理念。对所授课班级学生的情况包括个性、兴趣、品质、知识、技能、学习态度等，要大体了解或深入了解，上课时才能考虑到不同层次学生的因素而实施分层教学。

5. 加强教学反思学习

教学不反思，必然会反复；寻找自身与他人的差距，寻找设计与现实的差距。及时记录积淀，反思就成为教学成果。教师的“自我反思”不是一般意义上的“回顾”，而是反省、思考、诊断、自我监控历史教学中的实际问题，或给予肯定、支持和强化，或给予否定、思索和修正，从而使教师不断更新教学观念，改善教学行为，提升教学水平。

每一位教师在教学过程中都会有成功的经验和失败的教训，这是教师的财富，值得珍视。就教学过程而言，教师个人的“自我反思”可分为“教前反思”，即对教学活动进行批评性分析、调整性预测，力求未雨绸缪；“教中反思”，即在教学过程中的问题及时发现、自我反思、迅速调控，着眼反馈矫正；“教后反思”，即对某一教学活动告一段落后去发现、研究教学过程中的问题，对有效的经验进行理性的总结，致力于反省提升。教师“自我反思”的内容包含教学观念、教学机智、教学方法、教学行为、教学效果等方面。教师应该注意积累教学中的点滴经验，适时运用教育日志、教学后记、教学札记、教学随笔、教学叙事、论文撰写、反思日记、集体会诊、交流对话等基本形式把它记录下来，以便总结。实践证明，新课程实施中教学与研究相结合，教学与反思相结合，是教师专业发展的重要途径。

6. 思考与写作相结合学习

思考的最好方式就是写作。思考固然可以不动笔，但你必须承认，不动笔、不形成文字的思考往往是肤浅的、零碎的、断断续续的、浮光掠影的。写作的好处在于能强迫人静下心来把模糊变成清晰，破碎变得完整，零乱变得有条理，它促进人把观点表达得更科学，更经得起推敲。写作是一趟深层的思考之旅。只有拿起笔来，一路走下去，一路记下来，边走边记，等回过神来，纸上文字便是这趟思考之旅的见证和收获。写作的好处在于梳理，在于促使人阅读更多的书籍，查证更多的资料，以求证自己的思索。这个过程成了一种吸收性极强的学习。

写作是思想最外显的痕迹表露。所以有人说锤炼语言，就是锤炼思想，把你的思想写出来，外化成字、成文乃至成书。在你为学校为学生付出的同时，一定要记得发展自己，再忙，也要抽点时间写写你在工作中的所思所想，整理成文，或发表于网上，或发表于杂志，或著书立说，既提高了你自己，又扩大了你的名气，何乐而不为呢!

7. 重视科研学习

教师要“自觉地科研”，将自身的教学过程视为研究过程。苏霍姆林斯基说：“如果你想让教师的劳动能够多给教师一些乐趣，使天天上课不致变成一种单调乏味的义务，那你应引导每一位教师走上从事一些研究的这条幸福的道路上来。”教学中，只有当教学与研究紧密结合起来，教师才能成为一个个有血有肉有活力的生命。

教师要成为行动着的思考者，思考着的行动者。

教学即是研究。不少教师以为只要认真备好课、上好课就完成了任务。对工作缺少细致全面的理论思考，这说到底还是工作思路的问题。很多老师都不重视教研，把参加教研活动看成是额外的负担。尤其是一些教师觉得自己不是学这个专业的，教不好情有可原，也没有必要去参加的教研。一说起教研活动有些学校的领导也会说我们学校的教师不是学这个专业的。可是这样的老师更需要教研，需要学习，向专业同行学习，以期进步。还有不少老师总是感叹，工作这么忙，哪有时间搞科研。其实，我们的生活中、我们的教育中到处是思想的火花，只是你有没有去擦亮它？在教学中我们遇到的问题还少吗？而往往出现问题后只是考虑如何想办法解决眼前问题，没有向深层次去思考，缺乏科研的意识。在教中发展研，在研中促进教，教与研和谐共生。我们不能只低头走路，还需抬头看天。我们不能甘于做平庸的教书匠，我们要教学，我们要反思，我们要研究，我们要实践，我们要满怀着教育的激情行走着……

三、教师语言文化素养提高的四个关键阶段

1. 接受、适应阶段

这一时期的教师，由于刚刚走上工作岗位，新教师对自己职业角色要求和规范所知有限，对教学工作和管理工作还不适应，不了解课程体系，也没捋顺教学大纲等，面对朝气蓬勃的学生如何引导、面对家长应怎样沟通、对待不同的领导和同事应该怎样去交际等，这是每一个新教师最初入职时都会遇到的问题。这时期教师的语言无论是在授课过程中，还是与其他人交际中，经常会感到不知所措，不知道应该讲什么、说什么。上课时，由于紧张常常会出现语无伦次的现象，和他人沟通时缺少了解，会经常出现语言顿色或语不达意的尴尬状况这些现象都很正常，需要教师调整心态，尽快熟悉学校的教育教学工作，模仿、吸取其他老教师讲课时的经典话语，虚心请教有经验的教师如何教育学生，诚恳地多和领导沟通，让领导理解你，帮你分析你的困惑。也要经常与其他年轻的教师探讨或互相分享

教学经验，达到共同进步的目的，即多观察、多听课、多请教，积极应对角色的转变，有意识地锻炼，让自己语言表述顺畅、表意明确、用词准确，为下一阶段语言的提高打下良好的基础。

2. 分析、定位阶段

如果前一阶段是接受、被动阶段，这一阶段应是分析、主动阶段。分析什么样的语言更能赢得学生的喜欢，分析什么样的语言更方便与其他教师沟通，什么样的语言更能取得家长的信任，什么样的语言更适合与领导对话，还有什么样的场景说什么样的话、什么样的环境用什么样的语气等，在分析中摸索，在摸索中寻找你的语言定位，并根据自己的专业性质、特点和你自身的性格爱好，分析总结哪种讲话模式适合你，进而对自己专业语言修炼有个整体的规划，为下一个语言提升阶段做好准备。

3. 强化、反思阶段

处在这一时期的教师多属于工作上升期，同时也伴随职业高原期。尽管有些教师还想让自己的业务有进一步发展的意愿，但在发展道路上出现迷茫或困惑的状态，如不及时疏导极易产生职业倦怠，显现的语言也会失去先前的活力，或者想提高将会出现瓶颈。因此这一阶段的教师应不断反思，在思想上不放弃，在实践上查原因。如是知识上的欠缺那平时应多加积累，如是专业技能的停止，就应向学校申请进修学习，坚定信念，理性分析，有条不紊地继续强化、修炼语言技巧。要想让语言达到炉火纯青的境界，必须要有克服困难的决心、永不言败的信心。

4. 创新、建构阶段

如果教师有幸进入这一阶段，那么必定是文化素养提升到一定层次的教师才会体验得到。无论是思想品德层面上，还是教育教学实践上都有一大飞跃。这时期的教师具备一定的语言功底，能够融会贯通、巧妙地驾驭语言，达到收放自如的良好效果。并且有极强的洞察能力、敏锐的反应能力，语言上才会有出其不意、出奇制胜等创新的话语。这一时期的教师，经过长期的积累多半形成了自己的语言风格。然而，即便是这样，教师仍不能放松，应继续学习，要知道不进则退。

这时期的教师应把自己的宝贵的经验转为理论研究，建构一套科学的教育理论、教育方法，吸纳最新的理论成果。通过实践反复验证，把自己的成功与其他人分享，在这过程中你会有不一样或者是意想不到的收获。会让你的语言大放奇彩，以此良性循环，会让你对自己的职业更有成就感、骄傲感。

思考与感悟

师生们正在分析一个病句：同学们正聚精会神、全神贯注地注视着英雄的报告。

师：这是一个病句，谁替它把把脉？它病在哪里？

甲生：它病在动宾搭配不当，“注视”与“报告”不能搭配。

师：如何治呢？

生：应把“注视”换成“倾听”。

师：哦，是进行“移植手术”。这句话还有其他毛病吗？

乙生：它病在重复多余。“聚精会神”和“全神贯注”是同义词，不能重复使用。

师：如何治呢？

乙生：应把“全神贯注”删去。

师：哦，明白了，需要进行“切除手术”。同学们，其实我们修改病句就好像医生替病人看病一样，自身需要有扎实的功底，这样才能做到准确判断病症，对症下药，该“切除”的就“切除”，该“移植”的就“移植”，做到“药到病除”。如果大家平时多读书，增加语文素养，句子方面的“疑难杂症”是难不倒你们的。

……

（节选自互联网）

思考题：

1. 在这里，教师巧妙地把“改病句”比作“医生看病”，这样做会起到什么样的教学效果？

2. 现代教师应如何提高自己的文化修养，这样做的必要性是什么？

第三节　心理修养

顶撞的学生

小覃是一位负责任的英语老师。她自参加工作三年以来，教学认真，对学生也很关心，班上学生对她的评价不错，学生也比较喜欢听她上课。上周五英语早读，覃老师走进教室后发现，学生今天的早读不如平时认真，有点不对劲。但她在教室里转了几圈之后，也没有发现学生明显的违纪行为。早自习后的第一节正课，也刚好是英语课，等预备铃一响，覃老师就从办公室来到教室门口，准备去上课。

不一会儿，上课铃响了，小覃老师仍然发现教室里不安静，有很多人在大吵大闹。当她走进教室以后，仍然还有人在说话，有的人甚至还在哈哈大笑。小覃老师很严肃地看看大家，一步跨上讲台，大喊一声："上课！"（用英语）。师生互相问好以后，教室里安静了一会儿，等小覃老师在黑板上进行板书的时候，教室里又传来了低声的吵闹声。突然，小覃停止了写字，转过身来，发现有几个学生正在传阅纸条。"你们这是在做什么呢？遇到了什么高兴的事情？让我也和你们一起分享一下。"她一边说一边直接走到手里握着纸条的学生身边，"把纸条给我！""这是个人隐私。不能看！"学生大声回答。"你上课违反了纪律，先把纸条给我再说。""你凭什么问我要纸条呀！你是不是觉得我好欺负呀？"学生说话的声音比老师的还大。"因为我是你们班的老师，快点把纸条给我……""我偏不给你，你能把我怎么着？老师有什么了不起，老师又怎么啦！我把你当老师，你就是，我不把你当老师，你狗屁不值。你以为当个老师了不起，和我家比起来，算个什么东西！"小覃老师听完学生的这番话，肺都差点气炸。

（节选自互联网）

案例解析：

教师们在教学过程中都曾遇到过类似学生顶撞老师的事件，这是非常典型的学生顶撞老师的事件。老师非常负责，想要维护班级的正常课堂秩序，但当你面对脾气大、性格又比较倔强、不明事理、对老师出言不逊、故意和老师对着干并以此炫耀的学生，任何老师都会感到非常棘手。许多老师由于心理素质不过硬，面对突如其来的冲突，没有及时调整心态，很容易和学生争执起来，在你一言我一语中，激化了矛盾，形成了恶性循环。这时常常考验的是一个教师的心理素质如何，应如何化解，处在冲突过程中，应以什么样的心态去应对，处理学生问题时采用何种语气、语调等，这些都涉及到教师是否具备良好的言语心理素质。

俄国教育家乌申斯基说过："如果教育家从一切方面去教育人，那么就首先从一切方面去了解人。"因此要了解学生，要把握住学生的思想情绪，就必须对学生的心理发生、心理发展有所掌握，只有这样，教师的言语在应用的时候，才能做到有的放矢、运用自如。其次，由于学生年龄不同，体力、智力、爱好都有所差异，教师可以根据学生的年龄特征从多个侧面入手，激发学生学习的热情，充分调动学生们学习的积极性，刺激他们的智力发展。这些都需要教师学习一些相应的心理学知识，使教师能够发现或排除不正常的心理素质，时刻保持一种良好的心理状态。

一、常见的语言心理效应

1. 首印效应

初次印象十分重要，有句俗话："未见其人，先闻其声。"许多教师常常忽略自己语言给学生的第一印象，只是想到自己的衣着、形象是否得体。首次相见，教师不仅要做到仪表优雅、举止端庄，同时也要注意自己声音是否悦耳，语言是否优美，一个机智的教师会把最美的语言展现给学生，用动听的声音传递美好的情感，让学生瞬间就能感受到教师的和蔼、仁爱，无形中通过声音的桥梁把教师和学生的心拉近，为以后师生的情感打下良好的基础。

2. 回报效应

想要学生尊重你、信服你，教师首先要回报，只有教师多投入、多付出、多牺牲，才会有收获，才会有可能得到回报。当然教师只有多投入善意、爱意，通过语言艺术不断地传送你的善意、你的爱心，时刻维护你的学生，避免一切不利于甚至伤害学生的言语，在潜移默化中，学生会感受到你的真诚、你的善意，进而会理解你、尊重你，并能够和你的语言产生情感上的共鸣。

3. 距离效应

众所周知，距离产生美，因此，教师和学生保持适度的心理距离非常必要。要疏而不远，亲而不密，营造一种神秘感，保持一定的威信，增强对学生的吸引力和影响力。另外，教师在课堂传授知识时，长期的教学经验也告诉我们，离教师最近的学生往往最安静，因此，教师讲话时可以根据教学实际情况调整与学生的距离，恰当的距离不仅能增加教师的威严感，还会增强师生的吸引，也有利于教师语言艺术的表达效果。

二、把握好语言的心理规律

心理学的“光环效应”告诉我们，当学生被教师的个人魅力所崇拜，就会连同他所教的学科也热爱起来。同样，当学生对某一科目厌倦，不管教师讲得多么清楚明白，学生也听不进去，学起来也没有积极性。因此教师在运用语言艺术时一定要掌握学生的心理特质，灵活运用心理特征，有目的地增强语言艺术表达的效果。不同年龄阶层的学生，教师语言表达要有所侧重，如低年级的儿童，教师语言尽量多用儿话、童话，语音要甜美，语速要放慢。另外教师要根据学生的心理特征，合理运用语言艺术组织教学，如学生注意力十分集中时，教师语言表述要言简意赅、重点突出，及时地把知识反馈给学生，深深印在学生的脑海里；学生注意力分散的时候，教师可通过变调等方式，吸引学生注意力。

1. 信号传递的感染性

学生主要是从教师的言语中获得知识、技能，进而形成一定的心理品质。但教师

在运用语言艺术的同时，应该把教师的表情、良好的教态、合理的教具、先进的教学手段等结合起来，这些潜在的信号潜移默化中也影响学生的注意力，会让学生获得知识时更易于接受，同时，也能够增进师生之间的情感体验，刺激学生的学习兴趣。

2. 动力调节的主动性

教师在运用语言技巧时，要把握住学生的认知活动的规律，并对其作出恰当的判断。在合适的情景给予刺激或激励，以此来提高学生智力活动的效率。同时教师利用语言主动去调节课堂气氛，可加强学生学习的主动性，让学生学习更加有动力、活力，获得知识印象更加深刻，从而达到提高教学质量的目的。

三、培养言语心理的自控能力

教师语言心理的自控力主要来自于教师在教学过程中，语言运用是否能做到眼观六路、耳听八方，教师所进行的言语活动是否与教学活动是相关的，是否是教师自己熟悉的领域等，只有这样教师才有可能调整好心理的自控能力，言语上才能灵活运用，显露出运筹帷幄的效果。

1. 眼观六路，耳听八方

有效的课堂教学要求教师能够做到眼观六路、耳听八方、口若悬河、手脑并用。从各个角度、各个层次全方位地追求语言艺术，做到多方面地兼顾，系统地把握教学各个环节。讲课过程中时刻不忘观察学生反应，及时从他们听讲时的表情、动作、眼神里捕捉反馈信息，掌握他们听得是否认真、是否理解。因势利导，随机应变，根据反馈情况随时调整讲解。有时根据反馈情况，适时加入加重语、重复语、提示语、激励语、警告语，加以停顿，变换语速，利用教具、图表等。好比弹钢琴“十个指头”都能用好，就容易发出悦耳的乐音。

2. 相关进行，互相渗透

虽然教师需要眼观六路、耳听八方，但前提必须是教师的言语活动是彼此相关的，实验表明，要能准确自如地运用教学言语活动，必须从事的几种活动是相关的，必须使它们之间已形成反映系统，彼此能互相渗透影响，这样才能加强学生的印象。

3. 熟练掌握，运用自如

教师在课堂传授知识时，一定要十分熟悉自己的专业领域。教师课前要精心备课，认真研究自己的教材，教师越是能够运用自如地掌握教材，他的讲述就越是情感鲜明，越容易吸引学生。当教师相信自己所讲的内容是正确的、相信自己能够做好时，心绪宁静，神态自若，举止从容，思维敏捷，记忆准确，神经系统的兴奋与抑制过程处于最协调状态，能自如地控制和支配自己，说出话来语意确定，口气肯定。这些都来自于教师备课充分，对教材吃透，能熟练地运用，对学生情况摸得清，对重点、难点把握得准，连哪里是兴奋点、低潮点也心中有数。胸有成竹、轻松愉快、驾驭自如，既不感到心理有压力，说话时注意力也会更专注。

四、维持良好的言语心理状态

心理学认为，如果人没有良好的心态，思维的活动机能就会受到严重的压抑和阻碍，而外部环境的变化和机体内部状态所造成的生理变化和情绪波动，很容易造成心理压力，有害的心理压力影响正常的言语行为，妨碍言语表达的效果。

而导致心理压力的因素很多，如来自社会、来自家庭、来自自身等。教师只有了解学生情感需求以及不断地加强自身情感修养，才能够在课堂上保持平常心态，神态安详、精神专注、思维敏捷地，语言表述时才能够用词准确、鲜明、生动、条理分明，教师在提出或回答问题时能明确而不含混，推理时又合乎逻辑规则，说服力强，得出的结论准确到位，善于在极短时间内做出得体的言语反应，恰当地处理、解决各种问题。可以从以下几个方面去加强修炼良好的心理状态。

1. 教师理解学生的情感需求

教师不能简单地传授知识，应时刻观察、调节学生的情感。当学生学习兴趣不高时，教师可恰当地引用一些带有哲理性、夸张性的词语或故事调节课堂气氛，刺激学生学习的热情，引起学生的联想，调动学生的积极性；学生处于学习理解不透、思路不通畅、表现苦闷或烦躁的时候，教师应更加有耐心，语气和蔼，多

用鼓励性的语言，最终才能达到良好的教学效果。

2. 加强自身的情感修养

教师情绪的好坏，直接影响学生情感。一个优秀的教师，同时也是一个自身情感修养较好的教师。在课前有意识地调整好最佳心情，不带不良的情绪踏入课堂，如在课堂中遇到冲突的事件，教师能够稳定情绪，机智地处理好课堂教学中发生的事件，加强语言艺术的感染力，用语言艺术的魅力去吸引学生的注意。

五、学习言语心理过程的八个阶段

1. 动机阶段

在这个阶段，教师的语言多鼓励少批评，多奖励少惩罚，要充分调动学生学习的好奇心和好胜心，传递新知识的同时要语速缓和，节奏放慢，要时刻观察学生的反应，因为只有当学生慢慢领会理解后，才会对教师传授的知识感兴趣，激发学习的热情和动力。

2. 选择阶段

当学生对新知识点熟悉一些后，他们才会愿意地、主动地想进一步去了解这些知识，从而有意识地去搜集与此相关的知识信息，并把有效的信息传送大脑，进行进一步的加工整理。教师要做的就是充分利用教学手段，注重语言的幽默性、生动性、趣味性等，结合现代科技教学手段，强化知识点，吸引学生，为学生主动参与到学习活动中创造良好的语言氛围。

3. 获得阶段

这一阶段，教师主要观察学生是否真正理解学习材料，是否掌握一定的学习技巧、规律，并有意识地存储到记忆中去，教师要做的就是讲授时多挑选一些通俗易懂的话语帮助学生理解问题，多用一些举例说明的言语有针对性地帮助学生解决难点。

4. 保持阶段

为了让学生获得有效信息，长久地记住，教师需要不断地用语言强化，通过语言的多次重复加深记忆，前提是要掌握好尺度，不能让学生厌烦。其次，讲授时应注意技巧，避免新旧知识的混淆，要采取对比的方法，传送一些记忆技巧。

5. 回忆阶段

教师在这一阶段言语多用启发式的语调，用询问、提示等方式诱导学生，帮助学生回忆所学的知识，在回忆过程中又一次学习知识，锻炼学生的记忆能力，使知识记忆得更加巩固，印象更加深刻。

6. 概括阶段

这时期，学生已经理解相关知识的基本原理，掌握一定的操作规则，并能够运用到其他事物上，做到了知识迁移，而教师这时需要有计划地设计一些变式的练习，语言设计上目的性更强，辅助学生捋清思路，捋顺思维。

7. 操作阶段

这一阶段学生学习转化为行动，知识转化为能力，教师要尽可能让学生独立思考，语言上充当指点作用，把主动权交给学生。

8. 反馈阶段

反馈是学生学习过程中不可缺少的重要环节，它也能直接反映教师的教学成果、教学目标是否实现。同时，这一阶段也是教师对自己的教学语言进行反思的阶段，在反思中总结教学过程中的问题与不足以及如何加强、提高自己的语言能力。

你就是“小李白”

《少年王勃》教学片段

师：读了这篇课文，你最欣赏的是哪一句？

生：我最欣赏“落霞与孤鹜齐飞，秋水共长天一色”这一句。（大家纷纷赞同）

师：我也最欣赏这一句，请大家把这诗句多读几遍，看看有问题要问吗？

生：我想知道王勃为什么要写这句话？

生：我想知道王勃为什么能写出这么美的诗句。

生：我想读懂这句诗的意思。

师：我很高兴！你们已经学会读书了。古人云："读而未晓则思，思而未晓则读。"请同学们再读读课文。

生：我读懂了这句诗的意思了，我觉得"远处，天连着水，水连着天，水天一色。一只野鸭正披着落日的余晖缓缓地飞翔，灿烂的云霞在天边轻轻地飘荡。"这一句描写的就是诗句的情景。

师："读书百遍，其义自见。"你真不简单！多么迷人的江上秋景，让我们和王勃一起来欣赏，谁能把这迷人的秋景读出来吗？

（一生读得深情而又欢快）你为什么要这样读？（这景色太美丽了，太迷人了！我非常喜欢，被深深地陶醉了！）

（一生读得舒缓而又宁静）你读的感觉好像不太一样，能说说吗？（我觉得这景色非常安静，我读着读着，眼前仿佛出现了这迷人的景色，我不忍心惊动那飞翔的野鸭！）你已经完全进入这种境界了，口中读出感觉，眼前读出画面，心中读出情感，这可是朗读的最高境界啊！

师：（全班配乐朗读）此时此刻，欣赏着这迷人的秋景，你最想做的是什么！

生：我真想把这迷人的秋景画下来！（那你就是了不起的画家了！）

生：我想用摄像机把它拍下来！（把这动人的镜头永远地珍藏起来，非常值得！）

生：我想歌唱这迷人的景色！（那你能不能唱两句？）天连着水，水连着天，天边的云霞多么美丽……（你很有音乐天赋，唱得也很有味道！）

生：我想起了一句诗："夕阳无限好，只是近黄昏。"

生：老师，我能自己编一首小诗吗？（当然可以！）一道夕阳铺水中，水天一色两悠悠。孤鸭远飞余晖尽，唯有江水天际流。（掌声）

师：你最崇拜的诗人是谁？（李白）那你就是"小李白"了。（生欢喜得不得了）

（节选自互联网）

思考题：

1. 新课程下教师在传授知识的同时更加注重对学生情感态度和价值观的培养，你认为教师哪种语言更有益于学生的身心发展？

2. 你在实际教学中是否经常地、及时地使用肯定的语言激励学生？

第三章　老生新谈：教师语言的表达艺术

第一节　教师语言的表达修炼

让美丽的故事走进课堂

有经验的老师很善于在讲课过程中穿插故事，通过一个个小故事来激发学生的好奇心和求知欲。江西省新余市姚圩中学的骨干教师龚正清教师在学生眼里是一个很有趣的小老头。上他的课，有的时候你分不清楚这到底是中学生在上化学课还是小学生在听老师“讲故事”。

讲到元素“铍”时，他说：“大家都看过《西游记》吧？还记不记得里边的那个女儿国呢？”“记得。”台下的学生兴趣盎然。没想到这小老头居然对“女儿国”感兴趣了？他想说明什么问题？这个故事和化学有什么关系？“《西游记》里唐僧一行西去取经路过女儿国，那个国家只有女的没有男的，对吗？当然了，这只是一个神话故事。不过，现实中还确实有一种化学元素，会影响人们生儿育女。”学生们一听更加奇怪，不会吧，居然能影响人们生儿育女？这是什么元素？于是，台下的学生争先发问：“真的？”“是什么？”“老师，快告诉我们吧！”台上的龚先生呵呵笑着，慢条斯理地说：“我先给大家讲一个故事。”曾经，在广东一个山区的村寨里，前数年连续出生的尽是女孩，人们急了，照这样下去，这个地区岂不会变成女儿国了吗？于是村民们开始想办法，有的去求神拜佛，拜了这个观音敌那个佛爷，却不见一点效果。有的去寻医问药，却找不到能治这种怪病的药方。有位风水先生便说：“很早以前不是有地质队来开采吗？他们在后龙山寻矿，把龙

脉破坏了，这是坏了风水的报应啊！”于是，迷信的村民千方百计地找到了原来在他们山里探过矿的地质队，闹着要他们赔“风水”。地质队长一听，不可能的事啊？为了“洗脱罪名”，他带领队员们又回到了这个山寨，进行了深入的调查，终于找到了原因。原来地质队在探矿的时候，钻机把地下含铍的泉水引了出来，扩散了铍的污染，使饮用水的铍含量大为提高，长时间饮用这种水，从而导致生女而不生男。经过治理，情况得到了好转，在“女儿国”里又生出男孩了。

故事讲完了，学生们还在回味着这个有趣的故事。龚先生话题一转：“现在我们开始介绍铍的基本性质，然后大家再结合故事分析一下铍的性质。”于是，在引人入胜的故事中，台下的学生又开始了对铍的“声讨”。

案例分析：

这位教师十分巧妙地把课本的知识和故事连接起来，先讲女儿国的故事巧设悬念，吸引学生的好奇心，再讲述一个真实的案例，采用旁征博引法把知识点自然导入进来。课堂教学在某种程度上说，就是在演绎一系列的“故事”，或者说正是通过一系列的故事，学生与课本的距离才一步步地拉近，你的课堂教学才能够有声有色地展开。而这些故事的演绎，很大程度上要看讲台上的你能不能将它有机地穿插进课堂当中，给学生们以智慧和启迪。这就看教师要选择哪种语言表达方法，这种表达方法是否能起到辅助教学的作用。

苏霍姆林斯基曾讲过：“教师应有这种能力——用23种不同的语调说同一句话，这才具备表达语言的功力。”从这句话可以看出达到有效的课堂教学对教师的语言表达技能有着非常高的要求。人们常说教学是一门艺术，我认为教师的语言表达技能应具备以下艺术：

一、教师语言表达训练的基本要素

不同的教学内容、教学的不同阶段，对教学语言的要求也有所不同，教师要运用语言的抑扬顿挫、语速的快慢、语调的高低具体而微地传达各种不同的思想感情。比如在介绍《天上的街市》作者和背景时就可以运用四种不同的语调：用缓慢语调叙述生平；用愤怒语调叙述军阀混战的背景；用激动语调介绍历史事件；用深情语调引导学生深入课文的意境，做到因文而变，尽传细微。教师要善于通过学生的反应调节教学语言，如学生情绪冷漠，则力求把话说得生动昂扬；如学生过分激动，则宜用平静语言让其恢复正常。

1. 语调的选择

语调是指说话者为了表达意思和感情而表现出来的抑扬顿挫的语句调子。在课堂中，教师语调是讲课中不可缺少的“作料”，语句相同、语调不同，就表达了不同意思。如表示疑问、惊异、号召的句子要用升调；表示肯定、感叹、请求的句子常用降调；表示严肃、冷淡、叙述语气的句子常用平调；表示含蓄、讽刺、的常用曲调。

其次，教师在传授知识时，要善于改变语调，通过语调的变化来辅助你的教学内容，正如我国特级教师斯霞所说：“我讲到主要的地方就重复一遍；讲到快乐的地方就露出微笑；讲到愤怒的地方就情绪高亢；讲到悲伤的地方声音就变得低沉。”优秀的教师利用语调的变化不仅强化了授课的内容，也揭示了教师的情绪与心境，并把这种情绪传染给学生，得到了暗示或推波助澜的效果。

再有，在心理学上，有人做过这样的实验：问话人用平和的语调向被试者提问，被试者则用平稳的语调回答提问；问话者如果用较高的语调提问，被试者也会用较高的语调来回答。这种现象被心理学家称为“附属效应”。社会学的研究表明，人们都有模仿他人言行的倾向。所以，在批评学生时，对他们大声地训斥只能换取相应的“回报”或更强的“对抗”。平和舒缓的语调能给人以理性感，能使对方自觉地接受理性的对待，从而以理性的方式做出反应。可以说在一定的程度上语调对我们工作的成败起关键作用。有经验的教师，在一般情况下，其语调常常是清新而平缓的，给人一种亲切可近、和蔼可亲之感，即使在批评学生时，有经验的教师常常把语调放轻一些，“平稳的回答可以平息对方的愤怒”，这句至理名言就充分揭示了保持语调平稳的“魅力”。如果一个教师没有好的音色，可以通过音调的变化，让语调丰富起来，进而改变整个语言表达效果。

总之，语调在教师的语言艺术修养中占有很重要的地位，恰当的语调能使其语言平地生辉，具有磁铁般的吸引力；拙劣的语调则使其语言黯然失色，教学效果也受影响。所以，我们在强调教师提高语言修养、强化语言的准确性、科学性、简洁性、逻辑性等方面的同时，千万不能小觑与之密切相关的语调问题。

2. 语速的掌握

语速的快慢显现一个教师的性格，也能反映出教师的语言功底和语言心理素质，有的教师语速过快，像打“机关枪”，发送信息频率太高，学生没听清楚，教师就已经讲下一个问题了，这势必造成学生听不清、记不住。有的教师语速过慢，四平八稳的缓慢语速像“催眠曲”，不仅浪费了许多宝贵时间，且会使学生的注意力分散，大脑皮层转入抑制状态，出现厌倦情绪，学生听得昏昏沉沉，影响了学习效率，更谈不上能够刺激学生的兴奋点，极大地降低了学生学习的兴趣与效果。掌握好语速、依据教学内容合理地搭配语速是教师必备一项语言基本功技能。

优秀的教师要想巧用语速，就要了解制约语速的因素有哪几种。

教学内容制约语速。如教师在讲授重点、难点时，语速常常放慢，并反复叙说强调，甚至停顿，给学生充足的时间去消化；当讲解的是复习内容时，教师往往会把语速提到稍微快些，简明扼要地提一下重点，帮助学生温故熟悉的知识。

语境制约语速。教师还要考虑到语言环境的空间大小，讲和听之间的距离，而相应地改变语速，以免后面的学生听不见而产生脱漏，再如，教学环境不安静，也相应放慢速度，调整教学环境。

心理素质制约语速。教师的心理素质好与差直接影响教师语言的发挥，语速也有相应的变化。有的教师遇到紧急的事情。或是突发事件时语速不自觉地快起来，情绪也比较激动，也有的教师会显现语速放慢甚至停顿，语言表达也是语无伦次，这多半是由于心理素质不过硬，导致语速忽快忽慢，极不稳定。年轻的教师经常经验不足，面对突发事件没有应对的经验，因此，当教师遇到冲突事件或是令人兴奋的事件时，要有意识地尽量平缓自己的声音，放缓自己的语速，尽量让其他人能听清楚你讲的话语，同时你也有充足的时间思考怎样缓和气氛或采用什么样的应对手段。

对象制约语速。对不同年龄段的学生教师语速要有所侧重。面向低年级的学生教师授课时，要以慢速为主，语速慢、语句短小，高年级的学生听辨能力较强，需要接受大量的信息知识，教师可以适当加快语速，满足学生们的要求。

3. 语音的控制

语音的控制主要指教师语言音色和音准。如果教师有一副金嗓子，教师可以在一定程度上利用自已的优势，因为美的音色直接关系到教师的教学质量和教学效果。如果教师吐词清楚、发音响亮、圆润悦耳，能给学生美的享受，让学生在优美的听觉中心旷神怡地上课学习。反之，如果一个教师声音嘶哑、语言干涩、低浊或尖利又特别费劲，除了自己吃力、不舒服外，学生听起来也不舒服。由于学生对音色不美的老师讲课在听觉上有一种本能的抗拒，因此，很难收到良好的教学效果。

为此，做教师的就得掌握科学的发声方法，用真声发音。用真声发音就是用自己本色的声音、原生态的声音位置去发音。有些初上讲台的教师为了使自己的声音能震动学生，讲课时大气粗声，一味地发高音。长时间发高音会导致声音疲惫、大脑缺氧，教师原本激情的话语很容易转为口干舌燥、力不从心。有的教师教了一段时间的书，把教师的教学语言当成“拉家常”式的语言，讲课有气无力，声音平淡而松软；甚至个别教师奢望在语言上别具一格来吸引学生注意，哗众取宠的教师故意压喉卡嗓，挤气出声，实际上这些都是大可不必的。教师说话应选择自己声区中的最佳音域或最佳音量，并注意自我监听调节，切忌生硬做作，养成不良的发声习惯，人为破坏自己固有的音色美。教师应该学会扬长避短，正确使用本色音，从而达到声情并茂。

另外，语音上，要求发音正确，口齿清楚，句读分明，流利圆润，这样才能有效地传出教师的思想感情和讲授内容。我国是地方方言较多的国家，因为每个区域风土人情不一样，有的同一话语却表达不同的意思，因此要求老师讲普通话，在处理字和音的关系时严格按照普通话标准规范自己的语言，这是教师表达语意

的基本要求，应以字带声，从咬字、吐字正确清楚出发，再要求发声优美圆润，从而处理好字和声的关系。这样才能使学生听得清晰、明白、舒服。如果教师只追求声音的优美，而忽视咬清字音，学生就听不清词意；反之，如果教师一味追求咬字吐字的清晰，而不注意声音优美动听，使语言生硬、呆板，也会减弱语言的感染力。

4. 语气的选择

如果说“教师的语言素质，在极大程度上决定着学生在课堂上脑力劳动的效率，精炼的语言可以节约学生很多时间”。那么教学语音的语气轻重也要因人、因课、因时而异。一般而言，对年龄小的学生语气宜轻柔，对女生多的班级也应如此。音乐课、语文课等富有韵味的课语气不宜太重，而且要富有变化。体育课、劳动课等需要力度的课，语气不宜太轻。此外，语气轻重还应视教学情境而定。表扬、鼓励时语气宜轻，批评时语气宜重。一般讲述时宜轻，讲到重点、难点时应加重语气。

另外，语气的使用，影响着意思的表达、感情的色彩、讲课的生动性以及感染力。教师讲课中，要注意区分叙述、疑问、祈使、感叹等几种语气，不要总是使用感叹语气或叙述语气。要随着讲课感情的变化，使用各种语气。有的教师不注意语气的使用，总是使用一种语气，结果把课讲得平铺直叙，很不生动，课堂效果很差。

二、教师语言技巧表达的运用

《礼记》曰：“其言也，约而达，微而藏，罕譬而喻。”这便是教师语言的要求。语文教师的语言比一般教师的语言，更要求规范化、有示范性，让学生直接感受到活生生的语言艺术。机智的语言表达必须体现教学语言的风格。语言表达机智其实质在于，善于调动整个语言系统，进行富有情感、形象生动的语言表达。

1. 浅显易懂

语言作为一种交流工具，它的表达方式可谓五花八门、千姿百态。浅显易懂的语言，使人听起来清楚易懂，且有平易、朴素、亲切之感。浅白通俗并不是一件轻而易举的事情。一要深入理解讲授内容。因为，深入才能浅出，许多东西，只有懂透了，融会贯通了，才能用浅显平白的话说出来。二要有丰富的词汇量。要把复杂、深奥的内容，用一种浅白通俗的语言形式全面而准确地表达出来，没有一定的词汇量是达不到的。有人深入理解了，却“词不达意”，究其原因词汇贫乏是一个明显的障碍。

2. 形象生动

形象生动的语言给人一种直观感和动感，使人兴趣盎然，并能在记忆的荧光屏上留下深刻的印象。怎样才能使语言形象生动？一要运用典型材料来说明抽象的理论，把抽象的东西与具体的东西联系起来，可使讲授语言生动化、具体化。如物理课讲惯性定律，用乘车时身体前倾后仰为例来说明，语言就生动有力。二要运用比喻。用比喻可以使语言形象生动，引起学生联想。马克思把资本拟人化，把商品比喻为“细胞”，说明它包含着资本主义一切矛盾的萌芽，这样比喻，生动具体。三要适当引用。适当引用一些名言、名句、成语典故、诗词、顺口溜、群众口语、民间谚语、电影、故事、文学艺术语言等，也可使讲授生动有趣。1925 年，郭沫若同志在学艺大学开学典礼的讲演中，以古语“纣有亿万臣为亿万心，周有臣三千为一心”来说明办学校不在于人多，而在于团结一心。接着他又引用英国作家卡莱尔的话：“英国宁肯牺牲印度，不肯牺牲一位莎士比亚。”寓意深刻，听来兴味无穷。

语言的形象生动性与语言的文采联系密切。富于文采的语言，使讲授润色生辉，更加形象生动，给人以如酒似蜜的感染力，能长久地萦绕在脑际，留下逼真传神的印象。孔子说：“志有之，言以足志，文以足言，不言，谁知其志！言之无文，行而不远。”孔子认为缺乏文采的语言，自然没有感人的力量，所以也就不会有广泛而深远的影响。

3. 清晰悦耳

讲话是有声的语言，是用声音表达或传送情意的。学生听得是否清楚、明白、生动、有趣，常常与声音的高低、快慢的控制以及清晰度、语调等因素有一定的关系。从音色、音量、声调看，要清晰悦耳。声音清楚、明晰、听得舒服，学生才能较

好地接受讲授内容。吐字不清，措辞含混，使人糊里糊涂；声调尖高，音量过大，使人听来刺耳；语调低沉，音量太小，使人听起来费力。

4. 流利畅达

从进程、速度看，要流利畅达。讲话如行云流水，使人有轻快之感。有的人讲话慢吞吞，一句话分成几节讲，而且每句话之间时间间隔长，使听者很不耐烦；有的人讲话结结巴巴，语多累赘，使人听而生厌。但流利畅达不等于越快越好，如果讲话如黄河决堤，滔滔不绝，就会使学生应接不暇。

5. 抑扬顿挫

从声音、声调、速度三者的变化看，要抑扬顿挫。平铺直叙、呆板单调的讲话，使听者昏昏欲睡。所以，要根据教材的内容和听者的情况，适当地控制语音的大小、调子和速度。例如，表示激昂慷慨和兴奋愉快时，可以把声音放大一点、高一点；表示庄严肃穆和疑惧感叹时，声音可放小一点、低一点；表示宁静，要慢；表示紧张，要快；遇到重要的地方、关键词句，应有重音、加重语气，引起注意；次要的地方，则可以讲快一点。

总之，声音的变化，要随讲授内容和听者情况的变化而善于变化，若从头到尾高低、快慢、语气都一个样，就显得单调平板。但抑扬顿挫不等于矫揉造作，不要像演说家或演员一样对学生演讲，让学生看到表演的痕迹。须知，在课堂上给学生讲课，与街头演说家对群众演说或舞台上演员们的表演相比，毕竟是有区别的。

6. 停顿自如

停顿是保证说话清楚、加深印象的一个重要方法，也是学生领会和思考问题的时间来源。正确的停顿时机应该是说完一句话之后，再由一个意思转到另一个意思之间、在需要强调的话说出来之前，说完一句话之间的停顿时间可以短些；一个新的意思或需要强调的话说出之后的停顿，时间应该长些。停顿时间掌握要适当，不宜太长，也不宜太短。在停顿上，教师易犯两种毛病：一种是不停顿，讲课像打机关枪一样，话说得上气不接下气，让学生听得透不过气来，使学生既不好领会意思，又容易疲劳；另一种是乱停顿，讲课时把一句话弄得支离破碎，或者把一句话说成三字经，这样也会使学生听起来很费劲。

三、常见的教师语言表达的四种转化技巧

教师的课堂讲述语，除了应该注意它们的思想性、逻辑性、规范性之外，还应特别注意他们的易受性。要使学生好懂、好理解、好记忆。如何增强课堂语言的易受性呢？南昌大学附中王晓平老师总结了“四化”的方法：化晦涩为晓畅，化抽象为具体，化枯燥为生动，化分散为集中。

1. 化晦涩为晓畅

有些教学内容，因年代相隔较远，因而晦涩难懂，如文言文教学中的作者介绍、时代背景、官职、官名、当时风尚习俗等，都既不好懂又不好记，令人十分头疼。如果能用移时法——今语古用，古语今用，既风趣幽默，又可化晦涩为晓畅。安徽的刘伯奎老师讲《师说》时，就用了这一方法。课文的作者韩愈 25 岁登进士第，经过许多挫折，才得到“试校书郎”（正九品上）的小官，其后屡遭排挤贬斥，直到晚年，才做“吏部侍郎”（正四品上）的小官。介绍作者时如果从唐朝官吏制度、品行等级入手，则繁琐而难懂。刘老师却巧妙从“七品芝麻官”的戏说起：“七品尚为芝麻官，九品呢，只能是菜籽吧，四品呢，大概是蚕豆官了。从菜籽官的小而至蚕豆官的大，韩愈的提干道路是艰难的、曲折的，但他却是一位屡遭贬斥而不迷‘官位’的硬汉。他曾于灾年因为民请愿被贬，还曾因反对皇帝迎佛骨入官而几被处死。当时也盛行血统论，出身高贵的无须求师学习就可做大官，出身低贱的再学习再努力也受压制而难以出头，这样，社会上随之而来的必然也是‘读书无用论’。而韩愈的《师说》就是奋起讨伐这股害国、害民逆流的战斗檄文。”刘老师巧用移时的修辞手法，把现代汉语的“芝麻官”、“提干”、“血统论”、“读书无用论”移用来介绍古代的作者和时代背景，仅两三分钟，说得十分明白、风趣，收到了化晦涩为晓畅的极好的效果。

2. 化抽象为具体

针对青年学生对抽象的东西往往难于掌握的年龄特点，教师讲到某个定义时，讲到概念、判断、推理时，讲到某一原理、定律时，可以通过举例子、讲故事，把抽象的东西变为具体的，学生就好理解好掌握了。刘伯奎老师讲“概念”一节时，恰当地举出《堂吉诃德》中桑丘任“总督”时处理的一个案件：一个小气鬼让裁缝做帽子，给一块布要求做一顶，接着又问做两顶、三顶可否，最后要求做五顶。裁缝始终应允，结果做成的五顶帽只能套手指头。桑丘很聪明地判决两人都有错误。通过这个故事使同学们在笑声中理解什么叫“概念”、“使用概念必须明确”这个抽象的道理。凡讲到比较抽象的内容，我们不妨先从具体、生动的事例、现象入手，使学生在感性认识的基础上得到启发，然后通过教师从具体到抽象、从现象到本质的分析引导，最后实现由感性认识到理性认识的飞跃。

3. 化枯燥为生动

在教学中，不少概念、原理，都比较枯燥，学生学习兴趣不大。教师可以根据中学生认识事物的特点，先从日常生活中所接触到的现象、实例入手，再加以探讨；或者结合所学内容举些常见的例子，说明这些原理在生产、生活中的实际运用，使枯燥的概念变得有血有肉。“资本主义经济危机的实质”、“生产相对过剩”等内容，学生很难理解，若是从理论到理论则难免枯燥、呆板、味同嚼蜡。而有位教师却讲得感人至深，他先讲了一段令人心碎的对话。那是上个世纪 30 年代爆发经济危机期间的一个滴水成冰的严冬，美国煤矿工人家庭的母子二人。儿子问母亲：“现在天气这么冷，为什么还不生火？”/母亲：“买不起煤？”/“为什么我们买不起煤？”/“因为你爸爸失业了。”/“爸爸不是挖煤的工人吗？”/“因为煤生产得太多了。”这段很能说明问题的对话，使同学们加深了对生产相对过剩的理解，学习的兴趣也提高了。注意从身边的事例入手，就可以把枯燥的道理变得生动有趣、浅显易懂。有的刊物还开辟了“身边的语文”、“身边的科学”等栏目，讲课时适当举例，同学们都会兴味盎然，比起从概念到概念、从理论到理论的讲述，会生动得多。

4. 化分散为集中

为了使某些要点好懂好记，可以概括出“×××字的要领”、“总的来说就是一句概括 ×××的话”，以便于把分散的内容统领起来、集中起来，比如编点教学口诀，突出中心和难点；编一两句顺口溜，以利于学生记忆。体育课中的动作要领，就被教师总结成了动作要领的口诀；有的语文教师也把特别容易读错写错的字，编成了顺口溜；理科的教师采用编条文的方法，也好记多了。

以上的“四化”，都是针对中学生年龄小、理解抽象事物的能力较差的实际情况，为了增强课堂教学时语言的易受性，便于同学们很快能听懂、记住而采用的几种方法。

四、常见的语言表达方法

1. 设置悬念法

授课教师能巧设悬念，在学生思想中激起波澜，使学生处于一种“心求通而未达，口欲言而未能”的不平衡状态，就会引起学生的探索欲望。因为只有引起学生的学习欲望才能依靠真情实感和人格感召实现作者、教者、学者心灵的交融、情感的共鸣，才能实现教师、教材、教法、教境四位一体，使语言文字中蕴含的思想性如润物无声的丝丝春雨自然渗透到教学的每一个环节，渗透到学生的思想，在道德认识基础上，由道德情感与道德意志的驱动，使“知识”转化为“行动”。可见，教师通过设置悬念的感染力，将教材中蕴含的思想性挖掘出来，并潜移默化作用于学生，通过教师设置悬念的语言艺术的感染激发学生求知欲望，可以使学生真正品味到作品所蕴含的内在激情，心灵受到震撼。

2. 蜻蜓点水法

教师只在重点、关键处点拨一二，给学生以简单的提示，大量问题则留给学生去思考。如学生在计算一题时，有些学生费时费力不得其解。这时教师可点一下说：“如果把它改写成一个分数，通过互相约分试试看。”学生就会恍然大悟，但具体解法还应留给学生自己去做。

3. 顺水推舟法

“授人以鱼，不如授人以渔。”各种能力的培养关键在于思维能力的培养，尤以创新思维能力的培养最为重要。教师在上评讲课时教会学生采用质疑法，“顺水推舟”，既能促进其思维的进一步活跃，又能将“似懂非懂”的知识真正让学生学懂吃透。例如有关地球公转的知识，就可以采用质疑法拓展：“若黄赤夹角为零，会出现哪些主要的自然现象？”学生马上来了兴趣，经过思考和诱导，就可以联想并弄懂这次试卷上没有的一些问题：若黄赤夹角为零，晨昏线将会一直以地轴为基轴自东向西旋转；只有赤道能被太阳直射、正午太阳高度为90°,由此向两极，正午太阳高度逐渐变小，除两极点太阳高度永远为零外，各地的太阳高度只有日变化而无季节变化，等等。这样的评讲，对学生一题多思、一题多解、一题多变，从不同角度、不同方向来分析、解决问题的创造性思维能力一定会大有促进。

4. 旁征博引法

教师讲出故事的部分或大部分内容，或者给出一定的条件，打出一连串的比喻，余下的部分让学生自己去分析、去想象、去推测。这犹如给材料作文，教师只给材料，而最后的“文章”留给学生自己去做。如教《飞夺泸定桥》时，文中有两处描写军队拿着火把前进的句子，但一处被比成长蛇，一个被比成火龙，小学生很不容易懂。为解决这一难点，有位教师从不同角度蓄势：“长蛇与火龙一样吗？不一样。那为什么同是描写军队拿着火把前进，比喻不一样呢？是因为拿的火把不一样吗？不是。是因为天色不一样吗？不是。那么究竟是为什么不一样？”通过一连串的蓄势、否定，学生就能较容易地得出“敌人——我们”的答案。

5. 风趣幽默法

伟大领袖列宁曾说过：“幽默是一种优美的、健康的品质。”简单地说，幽默就是风趣巧妙地思考和表达问题。幽默和风趣的言行不仅可以给人们带来欢快的情绪，而且能缓解生活中的矛盾和冲突，是生活的调味品和润滑剂。教学幽默是教学艺术的一种表现形式，是教师富有情趣、意味深长的表现手段。在实践教学中，倘若教师照本宣科，语言无味，就等于向学生唱催眠曲，学生哪有不昏昏欲睡之理呢？苏霍姆林斯基还说过：“小学生往往用形象、色彩、声音来进行思维。”因此，无论是小学生、中学生还是大学生乃至于研究生，形象思维占主导地位的特点要求我们的讲授技能既要幽默还要具有形象性。

在教学中，特别是小学语文课程教学中，实物直观，模像直观，都必须与语言直观，即教师语言形象的语言描绘相结合，才能叩开学生情感之门。如教材中有许多意境深远、感情深挚的课文，而其中所蕴含的情感内涵，常常不能被学生准确地理解接受。因此，教师应充分运用自己幽默、绘声绘色、富有感召力的语言向学生创设出课文中所描绘的意境，使学生随着老师的描绘与作者的情感产生共鸣，与作者同喜同悲，深入作者的内心世界。当然，教师的语言必须紧扣主题，经过精心组织，内容充实而含蓄，遣词准确而凝练，感情自然而充沛，语言幽默，清晰而明了，语调抑扬有韵，声情并茂。如果教师的语言幽默而形象，那么在教学时学生一定有浓厚的学习兴趣，当学生疲劳时，教师运用教学幽默会使学生在高度紧张后引起欢乐与愉快，这样能消除学生疲劳，使师生保持振奋的学习精神状态，这是何等开心的一件大事啊？

另外教师幽默的语言还可以在教学中活跃课堂气氛，当师生关系紧张时来一句笑话可以使大事化小、小事化了。如有一位教学经验丰富的老师上课时，突然听见有一名学生却在低声地哼歌，他并没有当机立断大喝一声，而是笑眯眯地对她说：“你的歌真好听，如果有时间请大声唱给大家听一听，让我们大家一饱耳福，但现在老师还在讲课，你做得对吗？”一句幽默的话既批评了学生，又表扬了学生，真是两全其美，既消除了师生感情的隔阂，又建立了亲密平等的师生关系，何乐而不为？

6. 张冠李戴式

有一次，生物学家格瓦列夫在讲课，突然，一个学生在下面学鸡叫，课堂里顿时一片哄笑。这时，格瓦列夫镇定自若地看了看自己的挂表，不紧不慢地说：“看来我这只表误时了，没想到现在已是凌晨了。不过，请同学们相信我的话，公鸡报晓是低等动物的一种本能。”同学们一边笑，一边用责备的目光注视那个恶作剧

的同学，课堂秩序逐渐安静下来，格瓦列夫又继续讲课了。

思考与感悟

浙江省特级教师、宁波宁海实验学校刘永宽老师给学生上课时，总爱出一些令人意想不到的点子。听他讲课，总会让人有一种重换天地的感觉。在教授自由落体运动一课时，因所教内容枯燥，一些学生开始昏昏欲睡。刘永宽立即停止讲课，提议道："同学们，这节课我们把课桌椅重新摆放一下，大家围成一圈听课，如何？"台下的学生不知他葫芦里要卖什么药，还以为是要做什么游戏呢，于是立刻动手摆弄桌椅，两分钟后，一个"圆桌会议室"就出现在学生面前。刘永宽站在圆圈中，就像电视上的主持人一样，一本正经地扫视着四周的学生，而学生们也笑嘻嘻地盯着圈内的老师。"好，现在我们开始上课，大家看，如果我把这个纸袋和这个小钢球同时往下扔，你们会看到什么现象？""钢球先落地呗！"、"钢球落得快！"周围的学生七嘴八舌，甚至一些平时很少举手的学生也满面生辉地看着刘永宽。刘永宽对这种气氛十分满意："对，这就是我们的生活经验，这也是公元前希腊的哲学家亚里士多德的观点。但是，我现在要变一个魔术，结果与你们想象中的是不一样的。我之所以让你们围成一圈，就是便于你们更仔细地盯着我，如能看破并指出我魔术中的花招和漏洞者，必将重奖。"刘永宽将手举高，纸球和钢球同时从手中跌落，且几乎同时落地。学生们七嘴八舌起来："呀，真奇怪。""可我明明没有看到老师施什么法子嘛。"刘永宽笑道："想知道原因？那就请听我详细分解！"学生们顿时竖起了耳朵……

（节选自浙江省宁波宁海实验学校特级教师　刘永宽的教学片段）

思考题：

1. 这位教师运用了哪种艺术表达方法？
2. 你认为这位教师语言表达技巧创新在哪里？

第二节　教师语言表达的转变与创新

经典案例

一位教师安排了如下活动：四个同学一组，每组同学要站到一张四开大的白纸上，用最短时间完成的组取胜。可是听到老师的话语后，不少学生都坐在原位上，显得不知所措，有几个同学仿佛在喃喃自语。

师：你们为什么不动呢？难道这个活动不好？

生1：（嘀咕的同学壮着胆子说）老师，大家活动起来，把一张好端端的纸，踩得脏兮兮的，这太浪费了。我有个建议，用粉笔照着白纸的大小画个框，让大家站行不行？

师：同学们有什么意见，欢迎发表。

生2：踩坏纸，浪费资源，对保护环境也不利。

师：（满怀激情地说）同学们说得好！你们从一点一滴小事上都考虑到了保护环境。老师还缺乏这种意识。我的设计很粗心，要向你们学习，谢谢同学们的帮助。

师：（把白纸捡起来，然后用粉笔在水泥地上划同样大小的框）我重新宣布，活动开始，看哪个组完成游戏活动的时间最少。请注意，组内每个成员的脚都不能放到框外。

（学生迅速组队，欢快地活动起来）

案例分析：

上述案例表明，对话教学洋溢着浓浓的自由民主氛围。一方面，学生不畏权威，大胆言说，敢于向教师发难，建议改变其教学设计；另一方面，教师具有民主、开放、谦和的姿态以及善于反思、知错改错的教育智慧。师生都是“学习共同体”中的成员，彼此都平等地享有参与权、话语权、发展权，享有受尊重的权利，对话教学的实施，摒弃了传统教学中诸如教师独享话语霸权，学生在课堂上“失语”，教师处于

控制高点，而学生沦为受控“木偶”等非民主、非道德的弊端。同时，学生可以挑战教材，挑战教师；一旦发现对事物的认知持有不同观点，可以通过商讨、争辩，借以分清是非曲直，或达到互补共识，不存在谁排斥谁、谁压制谁的问题。对话教学还能使学生学会倾听，学会质疑，学会接纳，学会言说。锤炼和习得这些能力，既是参与对话教学的需要，更是学生学习过民主生活的需要。因此，现代教师语言无论是在表达的观念上、表达的方式上，还是表达的模式上都要有所转变，让你的语言表达更加适应当今社会的发展需要，适应当今学生身心发展，让你的语言表达更能贴近学生的心声，赢得学生们的尊重。

一、语言表达的观念转变

1. 让语言表达的内容走向平等

真正的语言表达意味着平等。平等参与，平等对话，学生完全可以用欣赏、怀疑、研究的目光去审视作品，评判作者，打破作者、编者、教者的话语霸权。《语文课程标准》指出“语文教学应在师生平等对话的过程中进行”。只有平等对话，才是真正的引导，才能走进心灵，才能彼此接纳，才能相互造就。师生平等对话，是一个开放的、未完成的动态教学过程。它意味着对学生作为大写的“人”的一种尊重；它意味着对学生生命的唤醒与欣赏；它意味着人格对等上的灵魂交融，“教学相长”情境中的技艺切磋，相互信赖氛围中的心智启迪；它意味着以石击石的火花迸射，以心连心的心潮相逐，以思促思的智慧碰撞，以情生情的激情奔涌；它意味着交流之后的认可，肯定之中的引导；它意味着用心灵感动心灵、用生命点燃生命、用灵魂塑造灵魂、用智慧开启智慧的相互造就。

2. 让语言表达尺度走向自由

真正的语言表达的魅力是舒展着自由。语言的自由表达可以让人自觉地进入感情，自由地驰骋心灵，自主地享受选择（包括选择文本的自由和选择方法的自由），可以完全保持自己的阅读个性（如悟性高低带来的深浅差异，趣味各异带来的取舍差异，角度不同带来的视角差异，方法不同带来的思想差异等）。教师要尽可能地让我们的教学活动多一点“市场经济”的“自主餐”,少一点“计划经济”的“配给制”。如果我们过多地用同一个“声音”去框定语言表达的价值，那只能使学生的感受和联想变得日趋封闭和狭窄，而这样的教育理念，只能培养出一些没有思想的奴役性的人。教师要使自己不再是所谓的“传声筒”，而应对学生“于千百万人中站出来”的勇气给予大胆的肯定；对在人云亦云、随声附和的主流大合唱中独树一帜的行为表示无比的赏识；对学生沉睡着的独立思考与判断意识进行有力的唤醒。

3. 让语言表达的理念走向多元

教师话语观的转变有赖于教师对自我在课堂中角色的重新认识。教师应从单一的知识传授者角色转变成多元的课堂活动者角色，课堂角色的多元化要求教师也应有多元的话语观，具体体现在以下两个方面：一是正确处理好教师的学科性话语、教育性话语及生活性话语间的关系。以往的课堂教学单纯地强调学科知识获得的重要性，而无视教学的教育性和生活性。课堂中充斥着的是学科性话语生硬的气氛，而缺少人类精神话语的融合与沟通。新的课堂教学应使三者结合起来，使知识在充满人类生命激情的教学中得以传授和学习。二是从学生方面来看，正确处理学生话语的多样性问题。学生话语按其性质可分为显性话语和隐性话语；按其智力活动类型的不同可以分为理论分析型话语和实践操作型话语。教师应该关注每个学生不同的话语特点，用不同的话语方式去处理不同的话语。就像契斯佳科夫所说：“每个有才能的人都有自己独特的语言，因此不必把风格教给他们，而只须正确地，即按照实际情况进行教学就是了。”

二、语言表达的方式转变

1. 传话转为对话的理念的转变

教师语言表达方式为什么由传话转为对话呢？为什么要从传统的传话式教学走向现代的对话式教学呢？

(1) 教学目的要求

教学的根本目的就是促进人的发展。然而，在传话式的语言表达方式中，教师的教与学都是以掌握知识、应付考试为目的，而且，这些知识是预定的，结论是固定不变的，学生的学习完全处于一种被动的接受状态，学生在这种被压抑的状态下学习，怎么会得到发展呢？对话式教学截然不同，它是以人的发展为根本目的的，尽管对话式语言也涉及到知识的学习和掌握，但是，此时的知识已转化为对话的话题，知识的结论不是不预定，而是靠对话生成。通过对话式的教学，把学生从被动世界中解放出来，让他们真正成为学习的主人，同时，使学生通过多向对话，知识得到丰富，创造能力得到丰富，创造能力得到提高，个性得到张扬，从而实现对话教学与发展学生素质的有机整合。

(2) 师生的关系

在传话式的语言表达方式中，教师是“皇上”，学生是“臣民”，两者是依从关系。这种关系的性质决定了教与学的行为方式，即教师教，学生听，学生的批判性思维和独立思考得不到应有的尊重，因而学生的素质发展将成为一句空话。在对话式的教学中，师生之间是平等、合作的伙伴关系。教师与学生一样，都是对话的主体，对话的话题可以来自教师，也可以来自学生，在围绕话题对话时，师生之间可以敞开精神，彼此接纳与分享，无拘无束地互动交流，从而达到共同发展的目的。

2. 传话转为对话的实践策略

(1) 建立平等的师生关系是进行有效对话的前提

在对话式的教学中，只有建立平等的师生关系，才能在师生互动中形成体验、探究的生态范围，这是实施有效对话的前提条件。因此，在对话教学中，教师一方面要平等地对待每一位学生，让每一位学生享有平等参与对话的机会，不能使一小部分学习好的学生成为对话的“主角”，而绝大部分学生成为对话的“听众”。另一方面，教师要充分尊重学生的个体差异，当发现学生在对话过程中有独特的见解时，教师要充分进行表扬和鼓励，以激发他们对话的热情，让他们从对话中体验到成功的欢乐，从而促进他们认知与情感的协调发展。

(2) 师生共同走进语境是进行有效对话教学的基础

教师的有效对话，就是要钻研好教材，只有把教材钻研好了，才具备与学生对话的底气。教师走进语境中，最重要途径有两条：一是读；二是想。读，是反复朗读教材，读出教材中的精妙处，读出自己独到的发现；想，想学生会有哪些疑难问题？帮助学生解决这些疑难问题的方法有哪些？在与学生对话时，教师一方面要引导学生认认真真地把课文读好，除了读正确、流利、读出感情外，还要求学生读出自己独到的感受，提出自己感兴趣的问题，学生只有熟读课文，有了自己的感悟和见解，才具备与同学、老师进行对话的底气。另一方面，教师要为学生对话架起“桥梁”。在学生语言表达过程中为学生及时排除障碍，使学生树立起信心，能够进行有效的对话。

(3) 抓生成性教学是进行有效对话教学的关键

传统的语言表达方式的重要特征就是“预定性”。问题与问题的结论都是教师预先设定的。而对话语言表达方式的重要特征是“生成性”。对话的话题及问题的结论主要靠对话过程中生成教学的实践告诉我们；课堂上可能所发生的一切，不是教师在课前预备课中能遇见的，课堂教学过程是一个动态发展的过程，因此，教师在围绕某一话题进行对话教学时，教师首先要学会倾听，欣赏学生的“真情告白”，与此同时，教师要及时捕捉有价值的生成性的话题，组织学生开展思维的碰撞，引发学生进行深入的思考，提高对话教学的质量，从而帮助学生完成知识意义的建构。

总之，引领孩子们亲历教学，激起他们教学的兴趣，唤醒表达的欲望，放飞想象的翅膀，给予自由的空间，你会看到一个充满灵性和活力的童真世界。

三、语言表达的模式转变

1. 由话语霸权转为话语民主

真正的语言昭示着民主。著名教育家陶行知先生说过：“创造力最能发挥的条件是民主。”同样的，教师语言的运用也必须在民主的氛围里得以实现。传统教师

的言语权威、尊严压抑了多少学生的悟性，阉割了多少学生的灵性，这是有目共睹的。教师要允许“一千个《哈姆雷特》的读者就有一千个哈姆雷特”；允许“说不清、道不明，只可意会、不能言传”；允许有理的叛逆，有情的错误；允许学生怀着“挑战”进课堂，带着“不满”出教室……在教法上，少一些“墨守成规”，多一些“不拘一格”；在学法上，少一些“生搬硬套”，多一些“融会贯通”；在语言上，少一些“绝对霸权”，多一些“百家争鸣”；在态度上，少一些“声色俱厉”，多一些“春风化雨”。这样，我们的学生才会坚持自己的思想与洞见，如实地裁判和决断。随着现代社会的发展、教育观念的转变、教育民主的提高及学生地位的获得，教师话语霸权的解构成为必然。表现在以下两方面：一是从单向传输到双向互动。传统的课堂教学所采取的是教师“独白式”的单向传输信息的模式，学生在教学活动的另一端只是知识的容器，师生的双向的教学活动被割裂开。现代教育理论的发展认为知识是由学生积极建构而成的。没有学生的主动参与，知识只能是外在于学生灵魂的附着物。因此，要求在教学活动中师生双方相互交流和沟通。二是从权威灌输到民主对话。对话是课堂教学活动借以开展的方式，孔子主张的“启发诱导”和苏格拉底的“产婆术”都是对话教学的典型。现代教师应从传统课堂的知识——权利的中心地位走下来，与学生展开积极的民主的对话，共同探究和建构知识。

2. 由千人一面到个性张扬

例如教授《但愿人长久》，教师让学生讨论：“中秋节的晚上，苏轼为什么‘心绪不宁’。”经过一番阅读思考，有学生回答：“因为苏轼和弟弟苏辙手足情深，小时候一起读书，一起玩耍；可现在却各居一方，分别长达七年之久，苏轼十分想念弟弟，所以‘心绪不宁’。”老师不由自主地赞叹：“想得深，说得好，把我想的和要说的都说到了，完全正确！还有要说的吗？”这时只见那位被表扬的学生神采飞扬，兴奋不已；其他的学生则一言不发，刚才举起的小手都快速地放了下去。这位教师又试着鼓励了一番，仍然无人搭理。事后，教师询问了原本举手准备发言的几名学生，他们纷纷表示：正确答案已被老师肯定，深为赞赏，甚至与老师想的一模一样，再去冒险发言，岂非画蛇添足，死路一条？而未举手的学生就更不愿再花力气，去冥思苦想一个已有定论的问题了。显然，为时过早、操之过急的激励性评价已经挫伤了学生群体的自尊心、积极性，使之产生相形见绌的失败感，容易导致学生对问题理解的草率、肤浅、僵化、片面。像上例中，本应有更多的理解，如可以是因为“每逢佳节倍思亲”，那天是中秋节，苏轼想起弟弟，所以“心绪不宁”；也可以是因为这天晚上皓月当空，万里无云，月亮特别明亮，更加激发了苏轼的思念之情；还可以是因为人们都在欢欢喜喜地品尝瓜果，观赏明月，自己却“独在异乡为异客”，特别冷清、寂寞，所以“心绪不宁”。

无论是“众手不举，众口不开”，还是“一鸟入林，百鸟压声”，教师的主宰地位并未真正改变。虽然教师也扮演着“引导者”、“帮助者”的角色，但却是千方百计地将学生的不同认识引向同一种预设，无异于“请君入瓮”的圈套、游戏。学生沦为知识的奴隶和被驯服的工具，失去了学习和发展的自由，主体思想、主体精神、主体人格的失落也就在所难免了。下面从学生心理层面，对这个问题加以透视。

(1) 畏惧心理

由于在传统的“师道尊严”的观念中濡染太深、浸淫太久，我们的语文教师总是有意无意地把自己看作是知识的权威、思想的附庸、文化的保安。他们以学生阅读的领导者、管理者、监督者和评判者而自居，总是高高在上，发号施令。因为放不下架子，他们也就难以与学生平等相待、无私相容，更无法容忍来自学生的“不同的声音”。在他们看来，承认学生的“异己思想”，也就意味着自己的权威受到了挑战，自己的地位遭到了藐视。于是，他们不是迂回说服，就是迎面呵斥，教学衍化为一种事先谋划好的、最大限度地控制儿童心智和身体的技术。长期身处这种“控制式”的教学环境，学生自然望而生畏，课堂上不敢想、不敢说的现象也就不足为怪了。

(2) 从众心理

受传统的应试教育准化思想的束缚、学生阅历少、容易先入为主形成思维定

势等因素的制约，当我们组织师生、生生之间的体验交流时，常常会因为少数思维活跃、善于表达的学生的发言，或者是教师不经意间的一种倾向性的评价，压抑另一部分学生个性化的理解和独特的内心体验，瓦解其刚刚形成、尚不能自我肯定的只言片语式的感受，使他们习惯性地放弃自我、否定自我，被动地接受老师或同学的观点。长此以往，学生便不愿做出头椽子，不想先声夺人，表现出几分少出风头的“少年老成”。他们怀着“言多必失”的担忧，揣着“少说为妙”的狡黠，课堂参与成了“隔岸观火”，即使发言也是人云亦云，重复别人的思想，哪里还能提出自己的独立见解呢？

(3) 依赖心理

传统教学理论认为，知识的内容是专家、学者精心编写“钦定”的，是前人成功经验的积累，学生的理解只能“以本为本”、循规蹈矩，不得越雷池半步。于是对知识的追求“万众归一”，讲究观念一致，学生的不同理解被简单地统一于教师对知识的划分、概括中。许多教师害怕学生学不会、听不懂、做不好，以致越俎代庖、包办代替得太多，久而久之就养成了学生思维的惰性，学生变得个性衰微、不善思考，也更无智慧可言了。许多学生课前依赖与教材配套的《课课通》《导学建议》，甚至是教师的《教学参考用书》；课上则“坐、等、靠”，依赖于老师的标准答案。“自惭浅薄”的卑微心理，使许多学生忽视、漠视甚至无视自我的存在，完全丧失了自我意识，只知道亦步亦趋地按照老师的指令去完成简单机械的劳动。

3. 由目标盲目性转为目标明确性

(1) 语言表达的目的的统一性

随着推崇学生个性化的发展，学生在学习感悟中也往往是主流思想和非主流思想并存，似是而非的各种价值意识杂陈，致使教师自觉引导乏术而尴尬不安。有的教师在学生众多的感悟、体会面前，不知如何倾听学生的不同声音；有的则因学生太多的声音而茫然失措、无所适从，甚至迷失了方向、准则。一些教师还没来得及真正领悟“主体”与“主导”二者的关系实质，为了使自己的教育思想与时俱进，急于“照葫芦画瓢”起来，该讲的不敢讲，怕担“越俎代庖”之嫌，明知有错不予匡正，怕染上“不尊重学生”之名。尤其在答案多元、思维多向的解读中，教师语言表达的“中庸之道”尤为突出：“你很会动脑，见解独特。”“你说得有道理！”“你的理解虽然不够恰当，但你敢说，值得表扬！”……见解怎么独特，这独特见解是否“空穴来风”？为什么只是有道理，理在何处？怎么不恰当，正确的是什么？这些过去很看重的东西都被含糊其辞、哼哼哈哈的评价所掩盖。

有老师上《捞月亮》（小学二年级），总结前问：“小朋友，你认为小猴子捞月亮好不好？”学生回答：“不好，因为水里的月亮是个影子，猴子不可能捞到，说明它不动脑筋。”老师说：“很好，我们可不能像它那样。”然后又一个学生说：“我认为小猴子的做法很好，因为他很勇敢，敢于自己动手去做。”老师马上带头鼓掌：“你说得棒极了！小猴子敢于实践、勇于探索的精神值得我们学习。”老师一百八十度的大转变使不少学生懵了，毕竟他们才上二年级啊！

可见，教师言语目的性一定要统一，当学生言语表述有缺陷就要指出不足，引导重新思考，发现自我思考的失误。即使正确的也可以启发再思考，让“多元”的理解和表达更深刻、更富个性。教师必须尽快建构起科学而系统的实践策略，给学生以智慧的启迪、精神的指引。

教师应与学生平等对话，但教育的目的和方向决定着教师对学生成长所承担的责任，教师不能做放任自流的旁观者或毫无价值倾向的中立者，教师言语目标理应成为对话中的价值引导者。在珍视学生自由感悟的同时，或启发争论、思辨，或进行富有人情味、说服力的耐心引导，促成思想自由地交汇、碰撞、升华，以平等的对话，将注意价值取向和尊重独特体验统一到“学生全面发展和终身发展”上来，个人倾向以及社会倾向的价值引导和谐统一。

(2) 语言表达内容的人文性

教师的言语应具有丰富的人文内涵，因为言语能传递出生命的声音，显露文化的根本，是精神家园的守候者。教师言语丰富的人文内涵，对学生精神领域的影响是广泛而深远的。精神唤醒、精神培植、精神建构，是教师言语目标理应追求的理想。教师应该通过对学生生命至真至诚的关怀、细致入微的体察，促使学生生命之魂发生质

的转向。现代教学目标提出："应该引导学生从实际出发……要防止用集体讨论代替个人言论，或远离现实进行过度发挥。"教师怎样理解和把握语句内涵，关系到教学过程中能否正确引导，关系到学生汲取到什么样的精神食粮。因此，教师应在充分钻研教材、深刻领会语言的人文内涵的基础上，正确把握教学内容的价值取向，使学生在树立正确的理想信念，提高精神境界、文化品位、审美情趣等方面受到熏陶感染。

（3）语言表达的差异性

由于个人倾向的差异，言语特色自然会引发个性化的生活感应，触动个性化的思维过程，产生个性化的心灵震撼，激荡个性化的联想启迪。尊重学生的独特体验，不等于要教师放弃价值引导。现代教学观认为，作品是由作者和读者共同创造的，作品中丰富的人文内涵孕育了解读的多样性；每位学生都是一个独立的个体，都有着与众不同的生活阅历、生命体验、情感世界和心灵历程，面对同一内容自然会各取所需，进而产生不同的言语观、期待视野和成效。在解读内容时，学生理解中的个人倾向可能出现偏离、偏差，甚至偏激，这在学习过程中是正常的、真实的。关键是我们不能抛开教学的价值取向，无视学生认识的差异，而是要把学生认识的差异及时地转化为教学资源，在阅读对话、交流、碰撞中提高认识，使学生从内心深处真正确定对真、善、美的价值追求，形成正确的价值观。

一位教师在执教《三袋麦子》时受到广泛好评，原因是许多教师会把"你最喜欢谁"这个问题作为本课教学的尾声，而这节课到这儿并没有结束。老师继续启发学生思考："同学们有的喜欢小猪的憨厚，有的喜欢小牛的节俭，有的喜欢小猴的聪明，可你知道土地爷爷最喜欢谁呢？"学生再次阅读后开始交流：从图上可以看出土地爷爷最喜欢小猴，因为他把手放在小猴的头上笑得最开心；从课文中可以看出土地爷爷最喜欢小猴，因为土地爷爷见到小猪憨厚的样子忍不住哈哈大笑，见到小牛点点头夸奖小牛节俭，见到小猴，土地爷爷抚摸着小猴的头，兴奋地说："你真聪明！真能干！"老师进一步引导："那你知道土地爷爷为什么最喜欢小猴吗？"学生纷纷发表观点，教室里掌声阵阵，学生在交流碰撞中形成了正确的价值观。虽然孩子们可以有自己的喜好，但还是应该让他们明白谁的做法最好，这位教师准确地把握了教学内容的价值取向，不动声色地让孩子们从土地爷爷的表情中、语言中、动作中找到审美标准，从而有助于促进学生的个人价值倾向向着更为理想、合理、和谐的方面发展。

(4) 语言表达的准确性

小学生毕竟处于儿童时期，其特点是不成熟性，他们对课文的感悟是以自身的生活经验为基础的，这种经验可能是健康积极的，也可能是片面消极的。当学生的独特体验、多元表达与时代和民族所提倡、推崇的主流价值观发生矛盾时，教师必须理直气壮地指出学生的错误，并进行正确人生观、价值观的渗透和引导，使个人价值与社会价值、科学价值与人文价值、人类价值与自然价值趋于统一，确立人与自然、社会的和谐、可持续发展的理念。

如学完《狐狸和乌鸦》一课，老师让学生说说自己的感受，学生的理解出现了严重的偏差。生1：狐狸，我喜欢你的聪明，因为你能轻而易举地得到自己想要的东西。生2:我明白了，要想得到一样东西，如果直接向人家要，人家可能不给，你得想办法和他兜圈子，骗他高兴，让他自己送上门来。生3：狐狸，你善于察言观色，不断改变说话的内容，真有本事！生4:我要向狐狸学习，学习它的智慧，见风使舵，见机行事。生5：我要学习狐狸不达目的、誓不罢休的精神。生6：我明白了说话首先要摸清对方的好恶，说一些别人爱听的话……显然，学生已经很难说清狐狸是正面角色还是反面角色，思想上已经造成混乱。

众所周知，《狐狸和乌鸦》的文本，它有自己的内在价值：只爱听好话，是很容易上当受骗的；狐狸用欺骗的手段获取不正当的利益，是不道德的。怎能为了倡导“个性化解读”而使答案丰富多彩没有了基本的“准”度呢？教师可以引导学生比较《狐狸和乌鸦》与《狐假虎威》中的狐狸，让学生明白此狐狸非彼狐狸，不能混为一谈、同日而语？前者是欺诈卑劣，而后者则是生存智慧，显然是差之毫厘而失之千里。《狐狸和乌鸦》中的狐狸虚情假意，这是违背公民道德规范中的“诚信”的。假如把这种违背“诚信”的欺诈行为视作“聪明”来欣赏，那又如何看待社会上的坑、蒙、拐、骗的现象呢？小学生毕竟还小，认知水平的局限和心理发展的特点，

都会使他们对复杂事物的是非判断能力受到一定影响。在他们成长的道路上，正渴望得到成人的点拨和昭示。一味地纵容个性，这对于正处于懵懂时期的儿童的人格成长是极为不利的。这就需要为师者，理直气壮地用智慧引领智慧，用人生感召人生，用真理启示蒙昧。既发展学生的创新精神，拓展学生的视野，又提高学生的品德修养、审美情趣，为学生终身发展奠定扎实的基础，把持正确的方向。

思考与感悟

生问：雪化了，冬天过去了，春天不就来了？

师：很有想象力，你的发言激活了我的思想，我也说一句，雪花会变成馒头。

（引发哄堂大笑）

生：（带着善意、逗乐的语调说）老师，您是肚子饿了吧？

（课堂的笑声更大）

师：这是第二节课，老师的肚子还饱饱的。同学们不相信吧，雪花真的与粮食有关。

众生：怎么有关系？我们真想听听。

师：老师的家乡的冬天多雪。下雪期间，大人们总把院坝、地沟里的雪铲起来运到庄稼地里，我好奇地问："为什么要这样做？"爷爷笑呵呵地对我说："地里雪花堆得厚，明年枕着馒头睡。"爷爷的话总能应验。头年雪大，第二年就能丰收。因为雪能保持麦地里的水分，又能冻死地里的害虫。这是我童年经历的事，记得特别牢。

这个案例表明，主体间彼此倾述个人的生命经历和感悟，融通生活智慧，彰显了师生在课堂上快乐和幸福的生命状态。

思考题：

1. 在对话教学中，师生间的相互言说、倾听、应答、质疑、反思，这种对话形式的优势在哪？

2. 现代教学教师语言表达方式与传统语言表达方式有何转变？转变的意义何在？

第四章 彰显智慧：教师的教学语言艺术

所谓教师的语言艺术，就是指教师在其职业活动中所运用的言语活动。其中，包括具有教育工作行业特点的语言艺术，也包括教师和其他人通用的语言艺术。而教学语言主要是教师在课堂中使用的一种语言，教学语言涵盖了整个教学过程。因此教学语言运用得是否合理，什么样的教学语言让其课堂更加具有魅力和感召力以及教师在向学生传授知识过程中，教学语言特点、运用的原则以及如何应用设计才能符合现代教学言语的使用，是我们现代教师应该思考的问题。

第一节 导入语的艺术

迟到的老师

陈得实老师曾经上过一次作文教学观摩课。上课铃响了，学生和来听课的老师都静静地等着陈老师来上课，可教室门外并不见陈老师的人影！一分钟过去了，安静的教室里开始有了骚动，同学们为陈老师担心起来；二分钟过去了，来听课的老师也小声议论起来，班长等不及了，站起来要冲出教室找陈老师。就在这时，陈老师急匆匆走进教室，他说："对不起，让大家久等了。我们今天的作文题目就是《当老师迟到的时候》。"

写错字的老师

语文课，老师把刚学完的语文课中的生字选出来，并一个个地写在黑板上，刚开始写的时候有几个同学在小声嘀咕，随着老师写得越多，学生议论的声音越大，最后学生禁不住问："老师，有写错的。"老师并不慌乱，平静地询问："哪里写错了？""这字少个点，那个字多个横……""还有吗？慢慢说。"老师不急不闹，语气十分缓和，态度十分和蔼，并伴有鼓励性的语言，让学生一一把错字挑出来。在老师语言的鼓励下，课堂气氛更加浓烈，学生的积极性被激发起来，大家你一言我一语，最后老师笑眯眯地说："很好，大家说的都对，说明大家认真地看了，那么大家再想一想一个人具有认真的品质，需要有什么样的能力，才会做到呢？好，今天我们议论文的题目就是《论认真》。"

案例分析：

有句俗语："好的开始就是成功的一半。"良好的开端必然会有一个理想的结局，同样，一节课有良好的导入，必然也会使得整堂课有一个令人满意的收效。导入语是架在老师与学生之间的一座桥梁，是教师引导学生探索新知识的第一步，导入语的好坏直接影响到学生对新知识的态度。成功的导入语就像一扇徐徐拉开的大幕，引导学生进入一个崭新的学习殿堂，激发他们热烈学习的欲望。如本案例中两位教师设计导语是为了营造融洽的学习气氛，根据本堂课的教学内容精心设计一段现实情境，在创设的情境中，把本课的教学内容导入出来，以此刺激学生学习的热情，调动学生学习的积极性。

一、导入语语言的基本特点

导入语是教学过程的第一步，它有提挈全课教学的作用。或导入情境、设置氛围，或开门见山，提出本课学习重点，或择其精彩之点设计悬念，或介绍课文写作的时代背景，导入新课。导语可以是叙述式、议论式，也可以是描写式、抒情式，但是无论设计哪种导语，必须了解导入语的自身规律及其特点，才能拿捏好导入语的尺寸，把握住导入语的精髓。

1. 简洁性

导入语的时间不能过长，导入语时间过长，会造成喧宾夺主，势必会冲淡教学的主题，进而影响整体教学效果。莎士比亚说过“简洁是智慧的表现”。有经验的教师会用简洁的语言引出教学主题，这需要教师在意识上首先知道用简洁的话语进行导课的重要性，教师引出的导语才能是不旁枝横逸、不枝枝蔓蔓，会迅速、一针见血地表明与教学主题的内在联系，语音利索，不拖泥带水，减少不必要的语气副词，不重复自己的话语，减少口头语病、无意的插语等。其次，教师在言语上、内容上、形式上表达要简洁，它包含两层意思：一是教师说话要简单又概括，简要而又精练。二是要简明，对于教师来讲，就是要说清楚，不要瞎绕弯子，同时，还要根据学生这一特定对象，讲述他们易于接受的话、易于理解的话。因此好的导入语必须要在语言简洁上下功夫。

2. 自然性

导入语要自然地过渡。不管什么形式的导入语都为教学内容起铺垫作用，都是为了较好进入教学内容，因此，如果导入语生搬硬套，与本课教学内容关系不密切或是毫无联系，那么导语语段再新颖、再创新也是毫无意义的，它只会让学生感到不知所云，困惑重重。有经验的教师习惯用旧的知识导入新的知识，学生对旧知识很熟悉，因此在导入新知识的时候，学生很自然地过渡到新的知识点，如一位教师在讲新课苏洵的散文《六国论》时，结合刚学过的《过秦论》，教师提起千古鸿文《过秦论》，文章气势磅礴，汩汩滔滔，论述了秦王朝的过失（学生回答“仁义不施而攻守之势异也”），自然导入到新的一篇有关秦国的文章《六国论》。通过对比，分析两篇文章在主旨、写作目的和创作角度上的异同点。

3. 创造性

导入语具有创造性往往显示出教师的教学水平和能力，如果教师一味地模仿他人的言语，而没有认真学习、吸收转换为自己的语言，其呈现出的效果往往是生搬硬套，没有很好地结合自己的教学内容，会让人感到牵强，学生不明其意，

很难和学生形成共鸣，教师也会感到吃力甚至打消了积极性，影响了下面的教学内容。教师只有通过自己的努力，吸取他人的可取之处，再结合自己创作出来的方法，才能显示出新颖和技巧。一个成功的导入语可以激发学生学习的欲望和兴趣，使学生对要学的内容产生好感，能引导学生去探求新的知识，因此导入语设计尽量做到引人入胜又不失自己的教学特点和风格。

4. 积极性

导入语是教授一篇课文的开场白，是教师在讲新课的开始阶段，从一定的目的出发，用很短的时间，并采取一定的方法或手段，激发学生学习新课的心理情绪的重要教学环节。一堂成功的课往往得力于一个生动的导入语，这是因为学生对每一篇新课文都有一种新鲜的感觉，都怀着新的兴趣和期待。因此精心设计好一个导语，因势利导，那么上课一开始就能扣住学生的探究心理，激发其兴趣，活跃其思维，从而大大提高学生学习的积极性和主动性。例如，在教《鲁提辖拳打镇关西》一课时，有位教师一开始就播放了一段刘欢唱的歌曲《好汉歌》，让学生先听，从而激起学生心中的那股浩然正气。“听了这么雄壮的歌曲，你是否也有一种打抱不平的冲动呢？”从而让学生带着一种跃跃欲试的情感来学习课文，效果非常好。由此可见，巧设导入语为上好一堂课定下了基调，活跃了氛围，也调动了学生学习的积极性。

二、常见的导入语

1. 幽默式导入语

德国著名演讲学家海茵兹·雷曼麦说过：“用幽默的方式说出严肃的真理，比直截了当地提出更能为人接受。”可见，在教学中适当采用幽默的语言，让人在轻松、愉快中学到知识，提高认识，这是学生乐学、愿学的一个原因。例如，在教授《我的第一次文学尝试》前，教师先讲了与此有关联的一个故事：美国的大作家马克·吐温十分爱好钓鱼，他把钓鱼视为最有意义的休息。一天，他正在钓鱼，一个陌生人走来问他：“怎么，你在钓鱼？”“是啊！”马克·吐温答道：“今天钓了半天，没见一条鱼，可是昨天在这里却钓了15条鱼啊！”“是吗？”陌生人问，“那你知道我是谁吗？我是这地方专门检查钓鱼的，这段江上严禁钓鱼。”马克·吐温忙反问：“那你知道我是谁吗？”陌生人惊讶之际，马克·吐温直言不讳地说：“我是作家马克·吐温。你不能罚我的款，因为虚构故事是我的事业。”同学们听后都会心地笑了，当学生还沉浸于故事中时，教师追问：“那么马克·吐温的幽默是从什么时候开始的呢？下面我们一起来学习他写的《我的第一次文学尝试》，看看他是不是从小就具备了这种幽默？”就这样同学们在教师讲的故事下进入教学情境，激起了学生学习课文的更大兴趣。也正如美国密执安大学教学研究中心专家罗伯特所说：“讲课最主要的缺点就在于从本质上说，它是一种单向性的思想交流方式。”而这个缺点带来的直接后果就是容易使学生产生精神疲倦。因此，成功的教学语言就必须具有吸引力和生动性。而幽默正是具有生动性，有感染力，从而能促使学生精神亢奋、思维活跃，使学生对教学内容产生“海绵吸水”的效应。

2. 设问式导入语

古语云，“学起于思，思起于疑”，“小疑则小进，大疑则大进”。教师从提问入手，设计有价值的思考题，促使学生积极动脑，这样才能使学生学得主动积极，课堂气氛才能活跃而充满生机。可见，适时适度而且富于艺术技巧的提问，能发展学生思维，是保证和提高教学质量的有效途径。例如，在教授《孔乙己》时，可以这样问：凡是读过鲁迅小说的人，几乎没有人不知道孔乙己的，凡是读过《孔乙己》的，几乎都在心底留下了这个旧社会苦人儿的形象，鲁迅先生运用了怎样的鬼斧神工来塑造这个艺术形象的呢？孔乙己的悲惨遭遇，究竟是社会的悲剧、性格的悲剧，还是社会的悲剧呢？仔细学习，可以得到答案。自然而然地，学生在转移注意力的同时也注意到了这几个问题，明确了本节课的学习目标与学习重点，在听讲的时候也能做到有的放矢了。

3. 故事性导入语

杜威说：“成年人只有通过对儿童的兴趣不断地予以同情的观察，才能够进入儿童的生活里面，才能知道他要做什么。”创造良好的课堂气氛，是课堂教学引发

学生兴趣、诱发美感的重要保障。学生在上课前的几分钟内，注意力并不是最为集中的，导语作为过渡，有时可先宕开一笔，欲擒故纵，采用“曲径通幽”的方式，用学生喜欢的一种形式，如讲故事开始，这样能很快地把课堂导入到和谐有序的课堂气氛，使师生之间的知识传递融入和谐的情感交流之中，同时又能使课内和课外紧密结合，激发学生的阅读兴趣，收到“一石二鸟”之效。同时对于学生来说，要将作品中的情感迁移过来，化为自己的情感体验，往往需要一种氛围，需要一种感情环境，而与文章有着紧密联系的故事能很快将学生导入到一种理想的课堂氛围之中，如教师在讲课时，可以复述文中某一精彩片段，着力凸现人物形象或情节的曲折精妙，可以吸引学生的兴趣。一位中学教师在教授马克·吐温的《竞选州长》一课时，就以作者的一个趣闻故事入题：“有一次，马克·吐温在报上写文章，骂有些国会议员是狗娘养的。议员们看后很愤然，纷纷上门指责，强烈要求登报更改。马克·吐温因此发表了一则郑重声明：由于前面文章带来的种种麻烦，特别声明有些国会议员不是狗娘养的。”学生们听后哄堂大笑，在笑声中体会到了马克·吐温高明的讽刺艺术，深刻地认识到美国国会议员的虚伪嘴脸，这正是课文所要表达的目的。

4. 实验演示型导入语

实验演示导入的方式是理科教学中常使用的一种导入法，这种方式最直观、有效，学生一般对实验课的内容都抱有极大的兴趣，学生会瞬间被吸引住。如自然课教师在上《大气压力》一课时，用实验来吸引学生。上课伊始，学生的眼睛就被教师带来的瓶瓶罐罐所吸引，教师将一片玻璃盖在空的广口瓶上，把它们翻转过来后，问学生：“如果我一松手，会发生什么现象？”学生齐答：“玻璃片会掉下来。”教师又在广口瓶里盛满水，把玻璃片盖上，翻转过来后，问学生：“如果我一松手，会发生什么现象？”学生又齐答：“玻璃片会掉下来，水会流出来。”当教师把手松开后，玻璃片并没掉下来，有的学生发出：“啊！”的惊叹，有的发出：“咦？”的疑问。此时：学生的注意力已经完全被吸引过来了，而且对实验中看到的现象产生了疑问，为学习这一课奠定了良好的心理基础。

5. 设置悬念式导入语

亚里士多德曾经说过："思维自疑问和惊奇始。"好奇心是小学生最显著的心理品质之一，出奇制胜乃孙子兵法之道。打破常规，巧设疑问是教学的至高境界。设疑有一定讲究，提出的问题要匠心独具，具有独创性、科学性、规范性。如果教师在课前就紧扣教学内容设置悬念，提出疑问，且语调、语势、语音都很讲究，能紧紧抓住学生的好奇心，无疑，将为下面的教学打下良好的铺垫。比如在教学《刘姥姥进大观园》一课时，可以先给学生放一段旧版《红楼梦》，接着巧借学生好奇心，提出一系列他们关心的问题。

问题一：红楼梦有几个主要人物？

问题二：刘姥姥为什么要进大观园？

问题三：大观园是为什么人而建的？

问题四：大家为什么戏弄刘姥姥？

问题五：王熙凤的性格特点？

让学生带着疑问循序渐进地去学习，在学习中要求他们多思多想，并提出自己的疑问。然后，师生围绕问题进行研讨，一个又一个的问题被解开，学生自然能学好了。短片和问题就是这一课最好的导入。

6. 设陷阱式导入语

有些学生对同样的知识点会连继答错好几次。针对这样易犯错误的学生，教师在进行分析讲评时，可采用设陷诱导的方法来吸引学生注意力，从而让学生重视起来。如在讲"算术根"为了使之加深印象，让学生在错误的辨析中学习。这节课采用的就是设陷诱导的方法。

师：同学们，大象和蚂蚁体重一样吗？

生：不一样。

师：我说一样重，不信，我们来算算：

设大象体重为 x，蚂蚁体重为 y，他们体重之和为 $2s$，那么 $x+y=2s$，$x-2s=-y$ ①，$x=2s-y$ ②，① × ②，得 $x^2-2xs=y^2-2sy$，两边同时加上 s^2，

得 $(x-s)^2=(y-s)^2$

两边同时开方，得 $x-s=y-s$，$\therefore$ $x=y$

这岂不是蚂蚁和大象一样重吗？为什么会造成这种情况？同学们会感到非常奇怪，带着问题反复观察，一时也找不出原因。这时教师趁势提出："大象与蚂蚁体重一样，这个问题就出在算术根上。今天我们就来研究算术根的问题。"由于学生对这道题出现的奇怪现象迫切想知道应该怎样解决，注意力特别集中。这样引入后，学生对算术根的概念及其重要性会终生难忘，以后碰到这类问题再不敢马虎了。

三、导入语的设计的方法

1. 以情导入法

"人非草木，孰能无情"，在教学中也莫不如此。"情"要求我们一方面要"激情"，就是激发学生的情感。一上课教师就要用声情并茂的开场白，把学生很快带入与教学内容相关的意境中去。若要感动学生的心，教师必要先动情，如在教学《十理长街送总理》一课时，我先出示周总理遗像；然后用幻灯放映一组组感动人心的"十理长街送总理"画面，让学生整体感知；再配以如泣如诉，极富感情色彩的描述；最后，教师启发学生放开歌喉，唱唱有关周总理的歌。有了初步感知后，教师发言："同学们，这是二十几年前的事情，你们没有经历那叫人悲痛，令人心碎的日子。但是，《十理长街送总理》这一课，会让我们了解当年的情景……""感人心者，莫先乎情"，如此声情并茂的导入，一定会引起学生的共鸣。

"情"另一方面要求教师与学生进行良好的沟通，只有"亲其师"，才能"信其道"。有经验的教师登上讲台，往往不是匆匆开讲，而是用亲切的目光，关切的询问架设一座信任理解的桥梁，给这堂课营造一个轻松愉悦的氛围，让学生乐中求知。教师如果能根据课堂的需要精心创设一定的情景，让学生如临其境，这样，以"情"促学，以"情"促教，教学就不至于干瘪了。

2. 以趣导入法

有经验的教师对课堂导入语都十分讲究，好的导入语就是一堂课良好的开端，犹如乐曲的前奏、戏剧的序幕，它是一堂课开始时，教师为新课讲授而说的话，它可以引发学生兴趣，调适教学气氛，是切入新旧知识的衔接点，可以为一节课顺利进行打下良好的基础。

“兴趣是最好的老师”。为了使学生对教学内容产生兴趣，教师一上课需要用与教材内容相关的趣味性讲述，牢牢地吸引住学生的注意力。例如教师在教学《桂林山水》这一课时，我准备了一篇生动有趣的解说词，画了一幅桂林山水图。上课时，让学生根据我的解说词扮演导游，带领其他同学一起游览，教师适时对学生进行饶有兴趣的点拨，在语情、语态上也进行了渲染，学生顿感欢乐，兴趣盎然。这时候，我趁机吟诵了自写诗——《醉了，桂林》：“桂林是一窖陈酒不小心落在大地的杯中／山醉了／水醉了／我也醉了……”学生聚精会神地听着，接着，我唱起了韩晓的《我想去桂林》，让学生在优美的旋律中迸发无限神往的渴盼之心。常言道“百闻不如一见”，下面不如跟着老师在课本中去寻觅桂林的美吧。

3. 以景导入法

情境是一堂语文课的“小天地”，它是教师用生动形象、亲切感人的语言，或描述意趣横生的同教学内容紧密相关的人物、事件与景物，或演示形象逼真的与教学内容有关的动作画面，或借助一定的媒介创造出教师在语文教学中创造性地设计好一定的情境，让学生戏剧般地进入角色，从而唤起他们的情感体验，点燃其思维的火花，产生强烈的共鸣。这样就能极大地调动学生的兴趣，从而收到良好的教学效果。

例如在教学《青海湖，梦幻般的湖》一课时，挂出了一系列有关青海省自然风景保护区的彩照片，来展现它的迷人与神秘，这样就与课文中的梦幻说法产生了共鸣，进而使学生产生强烈的求知欲望，激发了学生的兴趣，启发了学生的思维，收到了十分可喜的教学效果。再例如在教学《周庄水韵》这一课时，利用有关江苏的建筑、服装、首饰、风土人情等丰富的资料图片，让学生通过最直观的图片来感受江苏的美，激发学生了解江苏的兴趣，对学习这节课非常有帮助。

4. 以感导入法

古人云：“感人心者，莫先乎情。”教学时，注重以情感人，用情意盎然的语言

导入新课，能感染学生，也会产生学习动机。以情动情是教育的共同规律，教师的情感对于学生来说，是导体、是火种，也就是说教师的情感直接影响、感染着学生。

例如教读阿累的《一面》前，我演说了下面的一段话：“大千世界，人海茫茫，来来往往，相逢相离。缘分是人与人交往的红线，缘分好像是不可多得的奢侈品。毕业后的大学同窗可能只有鸿雁传书，电话往来；退役后的战友也可能从此天各一方，音讯杳无。缘分哪，它有时就像水向东，永不回头。珍惜缘分吧！哪怕是萍水相逢、一面之缘。也许那一面之缘会带给你美好的情怀，强大的动力，生命的绿洲，不朽的回忆！同学们，珍惜缘分吧！即使是短暂相逢，一面之缘！”这样就收到很好的效果，打动了学生的情感，让“一面”之缘在学生心田激荡，冲吊着学生的胃口。经过一铺垫，再进入课文《一面》可谓轻车熟路。

语言作为种感人的力量，它的真正的美离不开言辞的热情、诚恳和富于激 励性。因此，教师一定要努力把活生生的灵感和思想贯彻到自己的话语中去，使“情动于衷而言溢于表”，从而“打动学生的心，使学生产生强烈的共鸣，受到强烈的感染”。

思考与感悟

1. 动作表演：奥妙就在知识中

【课题】高中物理《力的分解》

【导入】师：班上哪两位男生力气大？请上前面来。（男生上台）

师：哪位女生力气最小？（女生上台）

师：下面请他们三位做个小游戏：两男生用一根结实的麻绳，用最大的力气做出“拔河”姿势。老师指导女生在绳子的中央，用一根手指头轻轻一拉，结果两个大力气男生被拉动了！

师：为什么一个柔弱的女生这么轻而易举地把两位“大力士”拉动了呢？看来真应了一句话，“知识就是力量”！学习本节的知识——“力的分解”，你就明白其中的奥妙了。

（节选自华中师大一附中 教师尚红年的教学片段）

2. 作诗填词：哪怕打油亦新奇

【课题】生物《动物的运动》

【导入】上课前先用多媒体播老师教师自己填写的一首词：《蝶恋花·晨》

“晓日初升霞万道，薄雾飘飘，玉带山腰绕。喜鹊喳喳山雀跳，小溪潺潺鱼儿闹。空气清新晨练好，飒爽英姿，奶奶剑出鞘。小狗追逐摇尾跑，爷爷遛鸟声声哨。”请同学们说说这首词表现的是什么？找一找里面提到了几种动物，他们的运动方式各是怎么样的？

（节选自河北省迁西县旧城乡初级中学　教师王淑贤的教学片段）

3. 时事新闻：鲜活生动攫眼球

【课题】《一个中国孩子的呼声》

【导入】先出示一组关于利比亚战争中孩子的图片。最后定格在一张照片上。

师：同学们，这是在最近发生的利比亚战争中我们同龄人的照片。从这些照片中，你们看到了什么？（引导学生谈谈看了这组图片的感受）

师：是啊，战争给孩子带来了无尽的痛苦，让他们的心灵蒙上了巨大的阴影。那么，他们的心底有着怎样的愿望呢？今天，我们就走进《一个中国孩子的呼声》，通过一个曾被战争伤害过的中国儿童，去听一听来自他们内心深处的呼唤。

（节选自安徽省芜湖县陶辛镇保沙中心学校　教师庄华涛的教学片段）

4. 煽风点火：吊你胃口没商量

【课题】《勾股定理》

【导入】同学们，今天我们要分享世界上“10个最重要的数学公式”之一，一个全人类共同的遗产，而且它就长在你们的身上。它就是勾股定理，它是几何学中的明珠，充满魅力。千百年来，人们对它的证明不厌其烦，其中有著名的数学家、画家，也有业余数学爱好者，还有普通的老百姓……同学们，你们敢去论证吗？咱们先一块去探索一番好吗？

（节选自吉林省公主岭市秦家屯第二中学　教师李素怀的教学片段）

5．设疑逗趣：开场即刻被吸引

【课题】高中英语 Harry Potter

【导入】文科不同于其他学科，引发学生强烈的求知欲很重要。我在上课的时候就这样：

T：Play the video！

T：Ok，stop here．What kind of literature? Do you know the name of it?

Have you read Harry Porter? How about is the film?

S：It's interesting and fantastic．Do you know the writer? Please find out the main idea．Open the book and turn to P22．

（节选自山东省滕州一中东校　教师巩伟娟的教学片段）

6．学生表演：拙劣演技出神奇

【课题】《半截蜡烛》

【导入】学生表演《孟德献刀》。师：同学们，曹操在生死关头的能言善辩，使我们体会到了机智应对的语言魅力。今天，我们学习一种新的文学形式——剧本（板书：半截蜡烛），从中去感悟文中人物语言的机智巧妙。

（节选自广州市天河区四海小学　教师蔡兆洋的教学片段）

7．经历感受：现身说法惹关注

【课题】高中物理《自感现象》

【导入】请一位胆大的男生上台参与实验。在电路连接正常的情况下，让学生双手分别抓住小灯泡两端的接线柱；老师操作，断开电路，学生不会有任何感觉。经过几次实验以后，学生会觉得不神奇。然后，把小灯泡取下，让学生双手分别抓住小灯泡两端的接线柱，老师操作，断开电路，学生会发出尖叫，拿开双手。看到学生的狼狈样，全体学生会感到好奇。这时，请参与实验的学生描述一下自己的感受，从而引入新课。

（节选自华中师大一附中　教师尚红年的教学片段）

思考题：

1. 以上案例的导语语段采用何种方式进行导入？

2. 对以上导入语进行分析，并结合自身学科特点自行设计几种导语样式？

第二节　讲授语的艺术

上山的路，不止一条

1928年，应著名爱国教育家，南开教育的奠基人张泊岑先生的邀请，英国著名学者温弗莱·莫琳可女士来到南开大学参观。在交谈中，张泊岑表示很欣赏英国的教学方式，并希望多了解一些英国教师的教学方式。温弗莱便决定在南开上一节数学课。

课上，温弗莱给南开的大学生们出了这么一道看似简单的题：在一条河一侧的B地仓库着火了，住在与仓库同侧的A地居民马上拿着水桶到河边提水奔向B地救火。请做出居民救火的最佳途径。题目一出，学生就纷纷给出答案，而且答案是惊人的一致：做出B点关于河边的对称点B'，连接AB'，与河边交于C点，则由A经由C再到B是居民救火的最佳路线。温弗莱有些失望，她再次问了一句：你们的答案都是这样吗？哪位同学有不同的想法。有没有更好的想法？教室里一片寂静。渐渐地，一只手慢慢地在学生中举了起来。举手的是一个男生。温弗莱鼓励他说："你大胆地将自己的想法表达出来。我们现在就是在培养大家的发散性思维，特别是在这种情况下，你的一点点新的想法也许会给全班同学带来极大的启发。大胆点，你的想法没有对错、好坏之分。"举手的学生听了，便说："居民提着空水桶不是可以跑得更快一点吗？而水桶里盛满水后就不那么好提了，所以我觉得BC这段应该更短点。老师，不知道我有没有说错。"刚才还一片寂静的课

堂一下子就炸开了。学生的思维也被大大地激活了，各种讨论声、争辩声四处都是。温弗莱没有制止学生们的争论，只是微笑着看看台下的学生。张泊岑也暗自为温弗莱的巧妙手段感叹不已。接下来，陆陆续续的问题都被提了出来。有学生问："老师，我们书上的数学应用题的答案有些是不是错误或不全面的？"也有学生问："老师，这道题现在没有答案，那我们怎么办？"甚至有学生问："老师，要是A地直接到河边没有路怎么办？"……温弗莱一直没说话，直到学生们都不再发问了，她才说："好了，同学们，我现在可以告诉大家，这道应用题只有一个参考答案，也就是大家一开始得出的'共同答案'，但是这道题是没有标准答案的，最佳的线路要根据实际情况而定！""啊？！"看着学生们惊诧的表情，温弗莱启发性地说："大家现在看出来没有，生活中的数学问题与我们书上的数学题有很大的关联，但是又绝对是不尽相同的。为什么这么说呢？""一方面，我们要明白书本上的数学题是从实际生活中的数学题中做适当简单化、抽象出来的；另一方面，在我们运用所学的数学知识和技能解决实际问题时，要考虑实际的情况，要根据具体问题进行创造性的运用，而不是墨守成规、照本宣科。OK？"张泊岑不由也跟着学生们一起大声道："OK！"

案例分析：

从本案例中我们看到温弗莱，语言并不是很多，但是学生沉默时，温弗莱多用鼓励性的语言，让学生大胆发言，启发其思考，学生受到鼓舞后，情绪高涨课堂由沉默演变为争论，这时温弗莱又转变为沉默，只是微笑地鼓励学生继续，学生在感受到温弗莱肯定后，思维更加活跃，说出更多的答案。在这里我们充分地感受温弗莱不断鼓励和启发学生而启发性的言语不但启发学生思路，开拓学生的思维，激起学生学习的热情，同时及时的肯定言语打消了学生的顾虑，增强了自信心。作为课堂使用频率最高的讲授语只是一种语言的表达方式，也是最终解决问题的口语形式，它包括"教师较系统、完整的阐释教学内容的教学用语，一般包括讲解语、讲析语、解说语、介绍语等。在课堂教学过程中，能够根据教学实际情况，讲授语言做出及时的应变，这些都需要教师通过讲授语言直接向学生传送，需要通过一些讲授语的技巧去引导学生学习知识。

一、讲授语段的基本特点

1. 知识性

这种以知识点为主线讲解，多是面对高年级的学生，高年级课堂传授多是以师生共同探讨解题方法、分析解题思路，提高解题能力为主，教师讲授语言多显现知识语言的含量。如高中地理《宇宙中的地球》这一单元涉及概念繁多且较为抽象，学生难以理解，教师在讲授做了必要的精练的解释后，可指导学生用归纳法进行知识点归纳，教师再明确告诉学生这些知识点可以怎样使用，在试题中会以何种题型出现，知识点之间有何内在联系。这种以知识点为主线贯穿始终的讲授方法，既能使学生对概念和原理的纵向因果关系和横向联系有进一步的理解，又能在讲课过程中使学生知识结构的系统性得以完善，帮助学生实现一轮复习中对知识的整理、综合和运用。

2. 启发性

教师讲授的语言要富有启发性，启发学生怎样解开思路、怎样训练自己的思维，首先教师要有“悟性”，“悟”出学生学习中实实在在的症结及解决症结的方法和途径。要使讲授语语言处处着眼于充分调动学生思维的积极性，引导他们积极开动脑筋，独立地去获取知识。即通过教师的“讲”，诱发学生的“想”，在讲授过程中给学生以充分的想象空间。

3. 科学性

教师的教学内容除了有科学的结构、层次、活动设计以外，更要有充满“科学味”的语言。因此，教师应养成用科学的言语来讲解，不能用土话、方言来表达。比如，不能把“垂线”说成“垂直向下的线”，不能把“最简分数”说成“最简单的分数”等等。让充满“科学味”的讲授语言成为教师一种习惯的讲授表达方式。

4. 严谨性

教师在讲解概念、性质、法则，公式的叙述、说明、应用都必须使用规范准确的语言。由于小学阶段一些概念还仅仅是描述性的，一些教师就容易妄下定论。数学语言的不严谨，真可谓差之毫厘，谬之千里。一位教师在教授“直线和线段”一课时，想通过提问让学生总结出直线的特点，师问：“直线从头到尾有没有端点？”生答：

"有。"本意是想通过设问强化直线没有端点，但"从头到尾"一词，产生了误导，使答案意思相反，更模糊了学生对"直线"一词的理解。因此，数学教师一定要语言精练，少说废话才能提高效率，就是用最少的语言表达更丰富的内容。教师严谨的工作态度往往也会影响学生，促进学生实事求是，认真仔细的良好学习习惯的养成。

5. 逻辑性

由于理科教学重在揭示规律性的知识，以及事物的特性、联系和变化，同时又担负着培养学生逻辑思维、发展智力的特殊任务，所以理科教学用语更要讲究逻辑性。这种逻辑性主要体现在表述的层次性、条理性以及语句组织的严密性与关联性上。比如，教师为了让学生了解"衣藻"的形态结构，就用从外到内，从重点到非重点两个角度予以表述，条理十分清楚，又突出了重点。但在讲述"什么叫杯状叶绿体呢？（就是）有人形容（啊）这个杯状体的样子"这句话时，就不严密了，应当说："这个叶绿体的样子，有点像喝水的杯子。"可见，任何语言表达的疏漏，都容易让学生感到茫然。另外还要注意运用重音、顿连等来表述句子、语段之间的因果、递进、转折及归纳、演绎等逻辑关系。

二、常见的讲授语段类型

教师必须有讲授技能的艺术，还要不断地学习和研究语言艺术。用语言弹奏出美妙的乐曲，使自己的知音——学生产生共鸣，收到良好的教学效果。新课程中教师的最大变化是角色的变化，教师由居高临下的权威转向"平等中的首席"。教师的这种角色如何扮演？这也反映在教师讲授技能的艺术的变化上。所谓"言为心声"，透过教师在课堂上讲授技能的艺术，我们就会清晰地感受到现代教育的巨大转变。因此，教师要熟悉常见的几种讲授语段类型，知道什么样的科目适合用什么样的讲授语段，以及怎样应用。

1. 描述性讲授语段

描述性的讲授语段是指教师在教学中把有抽象概念、逻辑性很强的定义等，通过直观的、生动逼真的语言描绘出来。在课堂中，教师经常使用描述性的语言会使学生对知识点有更加形象的理解。如文科教师对讲解人物、景物、事物等对象时常用描述性的语言，使学生如临其境，从而丰富感知、加深印象，并受到强烈的艺术感染。而理科教师则对分析现象、解析理论性很强的知识点，应用些恰当性、描述性的语言便于学生理解吸收。因为，理科本身比较抽象、逻辑性思维比较强，讲解概念、公式等知识点时，教师如采用描述性语言不但可以把概念解释得更加准确、形象，而且这种描述性的语言特点能把枯燥、难以理解的知识转化得生动又带有趣味性，让学生在轻松的语境中理解、消化知识。

2. 阐述性讲授语段

教师在向学生讲解概念、定义、原理等知识时，常用的是阐释语段。对这些概念、定义和原理做进一步的界定、解释时，这些解释和阐述性言语的集合则组成了阐释语段，它是使用频率最高、运用最广泛的教学语言，常常在一节课中要很多次的使用它。如数学、物理、化学、生物等科目，需要阐述的定义都很多，如果阐释不明确将直接影响教学，因此教师先要了解怎样运用好阐述语段，怎样设计好阐释语段，掌握一些阐述语段的方法，如通过具体事例去阐释的方法；运用学生已学过的科学理论知识去阐释新的科学原理、定律的阐释方法；运用比喻或幽默的语言阐释的方法；通过用故事阐释理论的方法；用形象阐释抽象的方法等等。教师通过阐释性语段不仅要把概念原理等知识性的东西解释清楚，同时在阐释时要注意策略和方法，使学生在学习时不仅能听明白，还能愉悦地接受。

3. 应变性讲授语段

著名的语言学家，北京大学中文系吕叔湘教授说："成功的教师之所以成功，是因为把课教活了。"又说，"课堂教学关键在一个'活'字，如果不会活用，任何教法都变成一堆公式"。应变是一种教师语言机智的表现，它根据学生的接受能力灵活调整的语言。课堂教学是有序的，但是，学生和教师作为一个个活生生的人，其身心发展水平和思想认识有着千差万别，这就决定了教学中要抑扬顿挫、随机应变，及时地发现问题并灵活地处理问题。教师的讲授技能有应变的艺术，

应该是处变不惊，遇到偶发事件要冷静沉着，还要及时、巧妙灵活调整紧张的气氛，化被动为主动，且不可有理无理三棒槌，经常使用相同的老规矩处理问题会使学生产生逆反的心理。因此，教师要根据实际情况，灵活地调整自己的课堂语言，或讲述，或质疑，或分析，用自己精炼、准确、富有逻辑性、诱导性的语言，巧妙地启发学生的思维，点燃学生智慧的火花，用灵活多变的方法培养学生分析、理解等诸方面的能力。一个出色的教师，不仅要善变，还要冷静思考，其课堂更应具有节奏快慢的变化，处理问题能机灵敏捷地找到症结所在，用自己善变的教学方法和迂回婉转的语言激起学生心灵的震颤，拨开学生心中重重迷雾，引发学生的深思。一次上课，韦老师走上讲台面带笑容地说："这节课，我们一起学习老舍的《小麻雀》。"边说边习惯性地打开粉笔盒，伸手拿粉笔准备写板书。"呀"，毛茸茸地吓得他出了一身冷汗，教室里咯咯咯地笑开了。原来，粉笔盒里关着一只羽毛未丰的小麻雀。韦老师沉静片刻后说："好有心计的同学，找来了一只活标本。大家看看，小麻雀的眼睛是不是像老舍描写的那样，小黑豆似的。"于是，小麻雀在大家手中传开了。大家不住地赞叹老舍的观察仔细，比喻生动，也从内心佩服老师处理问题的艺术。课后，韦老师对搞"恶作剧"的学生亲切地说："你对教学很关心，很有心计。不过，要是事先跟我打个招呼，就更好了。"几个同学听后很感动，惭愧地低下了头。

4. 叙述性讲授语段

叙述语就是以平实自然的语言对某一特定教学内容进行条理分明、清楚完整的表达而使用的课堂用语。教师叙述时要条理清楚，能发现事物的本质，只有认识了事物，才有可能把事物叙述清楚。其次，叙述过程要有层次、要有顺序。再次，叙述要有完整性，叙述一件事情，要让学生了解事情的原委，来龙去脉，只有这样学生才能听得懂、记得牢。叙述语的使用的范围主要是叙述历史事件、作者介绍、作品的内容简介、实验的过程、仪器的使用、观点的说明等等。

三、讲授语表达的方法

由于修炼不到位，目前蹩脚的讲授法充斥着课堂，不得不引起我们的注意，讲授语表达的方法在课堂中常常用于以下几方面：

1. 由满堂灌转向余地生辉法

有些教师传授知识时，接近于填鸭式的方式，从课起始到课结束，丝毫不顾及学生的反映状态，一味、单向的传授知识，这种授课方式学生是极其厌烦的，因为没有给学生充足的理解消化时间，在处理新课或解决疑难问题时，讲到一定程度，没有故意给学生留一小段时间，让学生默默地思考，在静思中孕育贯通的种子。如数学课上分析某个习题的求法，教师首先分析题目所给的已知条件与未知条件，接着分析习题的解法，然后启发学生：大家看看这道习题用什么方法解？最后留适当时间让学生去思考。堂课 45 分钟，教师要在知识衔接处，或讲授高潮时，或提出问题之初，或结论得出之后，留有一定的时间，让学生主动地细细咀嚼，或反复品味，或变式练习，或广泛演绎得出答案，或提出新的问题。总之给学生留有思维驰骋的余地，充分发挥学生的积极 主动性，让学生的思维开出绚丽的智慧之花。

2. 由照本宣科转向依本多义

常见教师授课时不认真分析教学目标，不挖掘教学内涵，不延伸教学内容，不拓展教学思维，只是单纯地依照教学大纲，照本宣科，形而上学式的讲解。这种方式讲授，教师的语言常会显现流水账式的语言，学生听课时会感到一头雾水，抓不住知识重点。现代教师应该不偏离教学目标宗旨，参考教学大纲灵活、变通、有选择的讲解，从多角度、多方面、多层次的讲解，要重点突出，详略得当，启发学生对同一知识从不同的视角去分析，探讨。

3. 由超讲、偏讲转向精讲、准讲

有些教师讲课教学目标不明确，教学意图不鲜明，讲授的话题总是在变化，不该扩展的扩展了，不该延伸的延伸了，不该讲的讲了，或者不该这时讲的这时

讲了，讲授的语段没有统一的话题，话题变来变去，不知所云，而教师本身还不自知，有的越讲越有激情，信口开河，没有中心，大话空话说了一大堆，没有精练的讲话。

这样的讲授语，是无效、失败的，它只会浪费时间、欺骗学生，看似课堂欢呼雀跃，一会儿让学生朗读、讨论，一会儿让学生表演，整个课堂显现非常热闹，看似师生共融的景象，但这只是表面上的活跃，却断送了教学意义，这种对学生无多少思维价值的表面上的活跃，不是真正的教学目标。

因此，教师授课时要根据学科内容特点、特色合理地设计教学活动，讲授语段也要依据教学内容有所变化，但一定要做到内容正确无误，语言准确规范，具有教育性和科学性。教师要珍惜课堂每一分钟，做到不盲讲、不偏讲、不超讲、不空讲、不病讲、不疯讲，把握好讲课的尺度，多研究讲授语段运用的技巧与方法，多采用生动、形象，幽默、精辟，具有吸引力和启发性的语言精炼讲解知识要点，时刻准确地规范自己讲授语语言，实实在在地上好每一节课。这样的讲授语教师才会讲得美，学生听得也美。

思考与感悟

片段1

“如果大家学好这篇课文，那么语文水平就一定能提高。汪洋这篇课文学得不错，所以，他的语文水平很好。”

片段2

“今天我们学习一篇新课文，现在要先搞清它的中心思想，再搞清它的结构，再搞清它的内容，现在，搞出书，先搞一搞，搞好了没有？”

思考：

片段 1，教师的推理不合逻辑，请指出他的问题？

片段 2，教师表述有何问题？应怎样改进？

第三节　提问语的艺术

如此提问

教师问："今天我们算数，好不好呀？"

学生答："好啊。"

教师问："1 加 1 是不是等于 2？"

学生答："是。"

教师问："1 加 2 是不是等于 3？"

学生答："是。"

教师问："1 加 3 是不是等于 4？"

学生答："是。"

……

这样提问

教师问："你们喜欢吃苹果吗？"

学生答："喜欢。"

教师问："好，我们数数苹果，看谁数的最多，我们就奖赏他一个大苹果。好吗？"

学生答："好！"

教师问："盘子里放一个苹果，老师把手里一个苹果也放到盘子里，一共几个呀？"

学生答："2 个。"

教师问："好，非常对，那再放一个呢，一共几个呢？"

学生答："3 个。"

教师问："好，非常棒！现在假设老师手里有 2 个苹果，都放到盘子里，现在盘子有多少个苹果呢？"

学生答："5 个。"

教师问："好，你们都很聪明，现在我就开始找个别学生，帮老师数数盘子的苹果，回答正确，老师就有奖给他。"

学生答："好。"（学生热情被激发了，学生的注意力都很集中）

教师问："小明，盘子里 4 个苹果，老师手里假设有 1 个苹果，放到盘子里，共多少呢？"

学生答："5 个。"

教师问："很好，答对了，给你一个，杨洋如果老师手里……"

案例分析：

上面两个例子是同样的教学目标、教学内容，前者只是机械地提问，并把答案都说出来，教学任务根本没有达到，是一个失败的提问方式；而后者，教师通过"苹果"以形象的事物引导学生怎样算数，并且经常使用鼓励的语气、表扬的语言激发学生，使课堂气氛很活跃，同时也实现了教学目标的任务。从中我们可以看到课堂提问既是一门技巧，更是一门艺术。教师精心设计问题，注重提问艺术，有利于引导学生在学习过程中积极主动地发现问题、解决问题，培养多种能力，有利于提高课堂教学效果。人的认识活动和心理活动是一个系统的、整体的运动，思维活动始终处于整个活动之中。而语言作为一种符号系统，本身具有概括性、间接性和社会性等功能，对思维的发展有着很大的关系，可以说思维在很大程度上是借助于语言来实现的。因此，教师要把教学过程中的每一句话都作为推进学生深入学习的教学情境。教师提出的问题要具有引导性、开放性，从不同侧面给予学生质疑的方向，拓展学生更大的思维空间。这就需要教师对问题的设计、提问时的注意事项、提问设计的方法有一定的了解，这样才能在今后教学中运用自如。

一、问题设计应遵循的原则

1. 针对性

问题的设计要具有明确的出发点和准确的针对性，所设问题要围绕教学目标和教学要求，应针对教学中的重点难点，切忌离开课堂教学中心，毫无目的、毫无计划地胡乱提问。应创设具有学习知识、培养能力、发展情感的思维情境的问题，使学生的思维始终直接或间接地指向教学目标和教学要求。

2. 可接受性

问题的设计要符合学生的身心发展水平，从学生现阶段的知识水平出发，既不能过高地估计学生的水平，过分增加问题的难度，也不能对学生水平估计过低，降低提问的难度。在这些情况下，提问往往起不到作用，学生得不到提问带来的好处。提问的难度一般也控制在 0.3 ～ 0.8 之间。

3. 启发性

富有启发性的问题能促使学生运用已学知识进行分析、判断、推理等思维活动来获取答案，从而掌握新的知识与方法，提高能力。在课堂教学中如果只是为提问而提问，问题没有经过设计，经常只是简单地问“是不是、对不对”之类的问题，这样很难真正启发到学生的思维。教师的问题要像投入湖中的一块石子，能够激起学生思维的波浪，学生可以从中学会如何发现问题，提出问题，解决问题，学会总结规律，并且用已知的规律举一反三，从而提高自己的思维能力。

4. 吸引性

课堂提问只有吸引学生的注意力，引发学生积极主动地探索解决问题的办法，才能更好地发挥它的作用。什么样的问题才能吸引学生呢？比如当前学生感兴趣的话题，生活中常遇到的事情，具有悬念的问题，这些都比较能引起学生的注意并激发他们去思考。

5. 开放性

开放性问题有利于培养学生的发散思维能力和创造性思维能力。这类问题追求的不是学生最后的答案，它侧重于解决问题的思路和策略，允许学生做出各种

可能的回答，诱导学生从不同角度、不同侧面思考，促进学生发散性和创造性思维的发展。设计这类问题多用诸如“如果是你，你认为应该怎样做？”“你觉得这样对吗？”“有没有其他更好的方法？”等语言提问。

二、课堂提问应注意的几个方面

1. 课前准备

课堂上的情况往往难以预估，所以课前充分做好各种准备是十分必要的。教师要在课前做好一节课提问的计划安排，对提问的对象、提问的内容、提问的方式、可能出现的问题等做好准备。很重要的一方面是教师在课前要认真钻研教材，反复推敲教学内容的重点、难点，然后精心设计问题，安排好提问的时机顺序，预先估计学生回答的各种可能性，想好引导学生的方法。充分的准备能让教学更顺利地进行。

2. 提问的对象

提问应面向全体学生，让每个学生都有机会参加。由于学生的基础不同，思想性格不同，因此课堂提问要充分考虑到每个学生的实际情况，把握好不同类型、不同程度的学生的需求，才能让学生从提问中受益。

教师要根据每个学生的特殊情况进行提问，像一些比较积极的学生，在课堂上要给他表现的机会，但不要一直提问他，因为这样容易形成一个人的课堂。有些教师提问的对象经常都是一些比较积极的学生，看起来课堂气氛很活跃，其实这只是表面现象，面对的只是一小部分学生，其他学生得不到锻炼的机会。教师应鼓励一些比较沉默的学生共同参与，这样的课堂才有意义。

另外，问题有难有易，提问要因人而异。对于一些基础好，思维能力比较强的学生可以提有些难度的问题，一般的题目用来锻炼中等水平的学生，差生让其回答比较简单的问题，并在一旁细心引导，以增强他们的自信心。

3. 提问的层次性

提问要有一定的规划，可以由浅入深，由易到难，逐层深入。教师在提出第一个问题让学生回答之后，可以顺着思路追问第二、第三个问题，使学生对知识的理解逐层深入，以达到提问的效果。如果一个问题过难、过大，教师可以把它分解成几个比较容易的小问题，让学生逐一回答。

4. 提问的时机

课堂提问选择好时机非常重要，一般来说时机的选择可以根据学生在学习过程中显示出来的心理状态加以把握。孔子曰，“不愤不启，不悱不发”，“愤”和“悱”都是形容学生追求知识的一种急切的心理状态，愤则启，悱则发。教师在学生“心求通而未得，口欲言而未能”之时发问效果最好。教师应抓住时机及时发问，应与学生思维同步，过早或过晚提问，都会破坏学生的思维程序，难以创设提问的情境。

据一些美国教育专家研究，对学生的提问在每个问题提出之后至少要等待三秒钟，这样做有很多好处，如学生能回答较多的内容，可以增强学生的信心、发散思维，可以收集更多的论据等。教师在提问之后应留出时间让学生思考，如果马上叫学生起来回答，学生没有准备好，会有紧张感，自然会发挥不好。有的教师习惯自问自答，一节课提问好几个问题，每个问题都没有留足时间让学生思考，学生的思维也就没有得到锻炼，而且一节课提太多的问题容易使学生产生疲劳，对学习失去兴趣。

5. 教师的引导与反馈

孔子说：“有鄙夫问于我，空空如也，我嗑其两端焉。”如果教师在学生回答时，就迫不及待地把答案告诉他，那就发挥不了提问的作用。教师在学生回答时要仔细听，认真观察，及时评价，应鼓励学生大胆地说出自己的想法。学生答得不够全面深刻时，教师应在一旁细心引导，广开深拓学生的思路；学生对教师提出的问题毫无思路，无从下手时，教师要给学生指明方向；学生的回答偏离了方向，教师应拨正学生的思路；学生回答问题时习惯照背课本或看书回答，教师应鼓励他们不看书，用自己的语言表达；学生回答不完整或有错时，也可以让学生自己补充纠正或请其他学生补充纠正。不管学生回答得怎样，只要他们做出了努力，就应该给予肯定鼓励，有分寸地指出不足，不要批评、嘲笑学生。

三、提问语设计的方法

1. 发散式提问法

鼓励学生产生有独创性的、新颖的想法。这类问题没有单一的正确答案，但却能使学生锻炼独创性思维，用他们的想象力来组织自己的答案。锻炼学生产生许多不同的想法或可能性。这些问题鼓励学生在考虑一种情形或一系列知识的时候，能看到各种各样的可能性和选择方案。锻炼学生从新的角度或以不同方式来看待一些观点或事物。

2. 诱发式提问法

就是把所传授的知识分解为一个个小问题，一环扣一环系统地提问学生。诱发的特点是教师发问的语气较急促，问题与问题之间间隙时间较短，能创设热烈气氛，训练学生的敏捷、灵活的思维品质。诱发式提问法能使学生保持注意的稳定性，刺激其积极思考，有利于全面掌握知识的内在联系。例如教学《一分试验田》一文，为了检查学生自读课文的效果，教师可提一组问题：谁种这一分试验田？他为什么要种这一分试验田？他是怎样种这一分试验田？他种这分试验田产了多少粮食？这一结果说明了什么？

3. 扫描式提问法

这是根据教材中知识点的顺序逐个提问，以检查所学过的知识为目的的；巩固提问，以加深所学的知识，这种提问也是知识的再现过程；概括性提问，以分析、归纳知识为目的；强调性提问，以引起学生重视为目的，多用在教学重点知识方面；引起注意提问，多用在容易混淆、疏忽和错误的知识方面。经常使用这种方法学生容易疲倦，所以教师要把握好这种提问方式的尺度。

4. 动机式提问法

动机式的提问主要是抓住教材的重点和关键点，提出的问题能给学生以清晰的思路让学生把握文章的中心，如《狼和小羊》可以根据写作思路设问：什么叫碴儿？故意找碴儿是什么意思？狼为什么要故意找碴儿？狼一共找了几次碴儿？为什么说狼故意找碴儿？既然狼要吃掉小羊，那又何必故意找碴儿？

5. 将错就错提问法

课堂中教师提出的问题也会出现偶然的失误，作为经验丰富的教师遇到这样的尴尬会分析错在哪里，怎样补救，怎样巧妙化解，教师可以将错就错，让学生发现错误，并纠正错误的设疑方法。

6. 趣味性提问法

在学习新知识之前，教师有意识地提出问题，激发学生学习兴趣，以创造生动愉快的教学情境，从而引导学生带有浓厚的学习兴趣积极地去思考，寻求新的知识。如教学“三角形的面积计算公式”前，要求学生把三角形放到方格上，通过数方格算出三角形的面积后，向学生提问：如果我们要计算一块三角形地的面积时，是否可以把这块地放在方格纸上，或用一个个方格纸片去填满三角形的地呢？同学们听了之后，都笑了，齐说“不能”。教师立即询问学生：那怎样才能计算这块三角形地的面积呢？课堂气氛顿时活跃起来。这样就能使学生在轻松愉快的气氛中进入探求新知的阶段。

7. 开放性提问

开放性提问主要训练学生运用学到的基础知识及原理进行创造性的思维，目的在于引导学生回顾获得知识的学习过程，教会他们总结和运用科学的思维方法，提高探取新知识的效率。启发学生将所学知识加以比较和整理归类，学会发现知识规律，并运用这种规律去学习新知识，认识新事物。培养学生创造性的思维能力，发展学生的想象力。如一位数学教师采用的就是开拓性方法进行提问：“对于梯形，动手折折、剪剪、拼拼，你还能发现什么？”（引导学生自由操作，让学生在较轻松的状态下激活原有的相关数学活动经验。）“你觉得圆锥体积的大小与它的什么有关？”“如何推导梯形的面积计算公式？谈谈你的初步设想。”（引导学生充分假设、大胆猜想，体验数学知识“再创造”的过程。）“你们的猜想对吗？用什么办法来验证这些是否正确呢？”“请大家用自己喜欢的方法算一算‘11−9’得多少？有困难的同学可以摆小棒看一看。”“如果……怎样？出现什么错误了？你认为哪个办法更好？”“用什么办法来验证”“用自己喜欢的”“你认为”……这些具有开

放性的提问更体现自主性的教学语言，从学生在经验、认知背景、思维方式等方面存在的客观差异出发因材施教，为学生个性化学习提供宽松、开放的空间，鼓励学生用适合自己的方式探索算法，给予学生自主选择学习方式的权利，最大限度地满足了学生的学习需要，体现了“不同的学生学习不同的数学”这一新理念，从而使教学过程成为生动活泼的、主动的和富有个性的过程。

总之，课堂提问是一门艺术，我们应在课堂教学实践中勇于探索，掌握课堂提问的技巧，并灵活应用，使其更好地服务于教学工作。

思考与感悟

师：我们已经知道了生活中有一些事件的发生是可以确定的，而有些事件的发生是不确定的。今天，我们了解了“一定”、“不可能”、“可能”等词语，你能选择合适的词语把下面的句子填完整吗？1. 太阳（ ）从东方升起。2. 鸭妈妈（ ）生出小鸡。3. 明天（ ）会下雨。

生：我知道！太阳肯定从东方升起。

师：还可以用什么词表达同样的意思？

生：太阳一定从东方升起。

师：说得很好！还有呢？

生：鸭妈妈不可能生出小鸡。明天可能会下雨。

师：你们用的词很准确，“一定”、“可能”、“不可能”就表达了生活中事情发生的不同可能性。能说说你们对这三个词的理解吗？

生：“一定”、“不可能”都是肯定，一个是肯定会怎么样，一个是肯定不会怎么样；“可能”就是不一定。

生：“可能”也就是说会这样也会那样。

师：你们还能用这几个词说说生活中发生的其他事情吗？

生：这次数学单元考试，我可能会得 100 分。

师：你对自己很有信心。

生：我一定会做好自己所能的家务事！

师：你真是个懂事的好孩子！

生：明天可能会下雨。

师：了解天气情况有利于及时做好准备。

生：煮熟的鸭子的嘴不可能是软的——煮熟的鸭子嘴硬。

师：你的生活常识还真不少呢！

（节选自互联网）

思考题：

1. 教师提问的方式属于哪种？这种类型提问方式的特点是什么？优点在哪里？

2. 结合本教学案例，设计一个类似的提问方式？

第四节　小结语的艺术

好的开始固然重要，但好的结束也是不可缺少的。有这样一句话："结语当如撞钟，清音有余。"课堂教学也需如此，不仅要有一个引人入胜的开头，而且应该有一个让人感到精彩的收尾。课堂教学中，教师的结语恰似一首乐曲的"终曲"部分。如果能做到余音绕梁，言已尽而意无穷，会令学生感到课已下而兴未尽。这便成为课堂教学中一道亮丽的风景，同时也增添一份意想不到的精彩。

一、小结语言应用的原则

1. 简明性

小结的语言要简明概括，通俗易懂，以便于学生记忆。教师小结时的语言除了具备讲课时的一般要求外，还要求做到提纲挈领，简单明了，三言两语就能把本节课的知识点总结起来。教师可以把小结归纳成几点板书出来，使学生理解小结的每一字、词所代表的意思。教师的语言还要生动含蓄，耐人寻味，发人深思，

循循善诱，给学生留下想象的空间，充分体现教师语言的启发性，并巧妙地运用比喻、拟人、夸张等修辞方法，使语言形象化，增加其艺术感染力，便于学生抓住其特征理解记忆。

2. 灵活性

课堂小结语没有固定的模式，应形式多样，方法灵活，不拘一格。每节课小结的安排不一定固定在课结束时，要根据所学内容的需要或提前或推后，但必须遵循“最大限度的指导正确，避免错误”这一原则，使小结真正起到以点带面，起到使整节课完整的作用。

3. 发挥性

小结的方法要因课而异，不要墨守成规。教学中做到适时、适势对学生因势利导，发挥学生的主观能动性，让学生自己去小结，可以及时反馈信息，了解学生掌握新知识的情况，发现新的问题。如一位语文教师在总结朱自清先生的《春》这一课时，正处在春色满园的季节，教师顺势借题发挥，说：“如果作者没有发自内心的由衷的喜爱之情，怎能写出这等精彩之笔！在朱自清笔下，春风、春雨都显得那么美。风中的柳枝是多么温柔，风中的乐声是多么动听，风中的气息是多么令人心旷神怡！还有那绵绵的春雨像牛毛、像花针、像细丝、像薄烟，表现了缥缈朦胧之美。我读着读着，仿佛正在春风中尽情地欣赏一部春天的乐章，一幅春天的写意画。作者对春天真挚的赞美之情，已不留痕迹地融入了景物描写之中，让我读来回味无穷。”

4. 提示性

简单回顾这一节课学习的内容，突出教学重点、难点，为学生及时复习巩固提供导向，为学生亡羊补牢提供机会。一节课四十五分钟，学生有时不能分得轻重、难点，再加上学生注意力难免有不集中的时候。那么该如何解决课堂中无法避免的遗憾呢？最佳的方法是及时指出内容的重点、关键是什么？必要时可做进一步的具体说明，进行巩固和强化。把所学知识应用到新的情境中去，解决新的问题，在应用中巩固知识，并进一步激发思维。

5. 拓展延伸

有时为了开阔学生的思路或把前后知识联系起来形成系统，而把课题内容扩展开来，引导学生向课外延伸、扩展，开辟“第二课堂”。如有位教师在《蝙蝠和雷达》这节课的结束阶段，设计了这样一个练习：“人们从蝙蝠身上得到启示，发明了雷达。你还知道人们从什么地方得到启示，发明了什么？”孩子们争着回答：“人们从荷叶得到了启示，发明了伞。”“人们从火药得到启示，发明了火箭。”“人们从大脑得到启示，发明了电脑。”……一下子就举出了十多个例子。尽管有的学生讲得不是十分准确，但说明学生对这样的问题非常感兴趣。教师便趁着学生兴趣正浓时，又提了一个问题：“你从什么得到启示，觉得可以发明什么？”要求学生积极开展科技小发明、小创作活动。这样就把学生从课堂上激起的学习兴趣延续到课外，鼓励学生去探索课本以外的奥妙。

二、常见的小结语语段

1. 归纳总结小结语段

前苏联教育家达尼洛夫和叶希波夫认为：“通过总结学生在课上所学习的主要事实和基本思想来结束一节课是很有好处。”归纳总结结束语段是课堂最常用的结语语段，尤其是在理科教学中，需要通过精练的语言提纲挈领地把整个课的主要内容加以总结概括归纳，给学生以系统、完整的印象，促使学生加深对所学知识的理解和记忆，培养其综合概括能力。总结可以由教师做，也可以先启发学生做，教师再加以补充、修正，也可以用简明扼要的语言，复述讲解要点，强调应掌握的主要概念和理论；也可以重读课文的重点句、段来强化印象；还可以启示学生回忆复述课文的主要内容等等。用于总结的语言不应是对所讲述过的内容的简单重复，可视具体情况灵活变化。如一个一年级数学老师，教完 10 以内数字后，为了使学生便于记忆，在结课时就根据每个数的形状把它编成了如下的儿歌：“1 像铅笔细长条，2 像小鸭水上漂，3 像耳朵听声音，4 像小旗迎风飘，5 像秤钩来卖菜，6 像豆芽咧嘴笑，7 像镰刀割青草，8 像麻花拧一遭。”这种比喻似的总结

归纳的方式，既能显现教师的结束语段的新颖，也起到了对课堂所讲知识进行总结，以归纳出一般的知识结构、解题规律和方法的目的，以使学生感到这一节课的完整性和独特性。

2. 扩展式小结语语段

把一些与教学内容紧密联系而课堂上又不能解决的问题提出来，在课堂结尾时作为联系课内外的纽带，引导学生的思维向课外延伸，从而达到拓宽、发展课堂教学内容的目的。如讲完《金刚石和石墨》一课，可指导学生“巧开锈锁”，讲完《酸碱指示剂》指导学生做“白花变红花”的实验；介绍完氯酸钾和硫这两种物质后，可指导学生用二者混合物点燃刚熄灭的蜡烛——“空手点烛”课内指导课外，有利于开阔学生的知识视野，激发他们进一步学习化学的兴趣。

3. 概括总结式小结语语段

这是最常用的一种结尾方式。一节课或一篇课文教学终了时，教师运用准确、精练的语言对教学内容和重点做提纲挈领的总结和归纳，意在让学生在学习的结束阶段再次强化教学重点，从中找出规律，上升到新的认识，牢固地掌握所学的知识。例如教学《琐忆》一文，一位教师是这样结尾的：“这篇回忆性的文章可谓情真意切，作者感情的波涛在一桩桩往事的激荡下奔涌起伏。一篇文章要做到寄情于事，情随事现，就必须精心选择材料，组织语言，作者以简洁的议论开头，以昂扬的抒情结尾，主体部分以‘横眉冷对’和‘俯首甘为’为中心选择材料，组织材料，在记叙中结合议论、抒情，让读者也从中领会了鲁迅先生‘横眉冷对千夫指，俯首甘为孺子牛’的伟大人格，作者感情的容量和深度也得到了完全体现。”这一结尾，旨在抓住教学重点和课文的主要特色，并引导学生用精炼准确的语言归纳全文的思想内容，概括文章的写作特色。

4. 情感式小结语语段

教师的结课充满激情，且以意味深长的话语寄厚望于学生，往往很能打动学生的心扉，留下难忘的印象。因为教师以情引导完结课堂结束的设计，能把学生真正带入其中，切身感受到其情感的浸润和熏染。为此，教学以情取胜的诗歌或散文时，应充分挖掘诗文中的情感因子，让学生在此类诗文的感染下，带着一种不可抑止的激情走出课堂，走进生活，走向人生。对于这类课堂的结尾来说，就是要沿着课堂情感发展的趋势，将情感向前推进一步，或向下深入一层，让学生感受到情感的强大力量。例如《沁园春 · 长沙》是一首伟人触景生情后写成的见物抒志的词。我们可以这样设计结尾 ：“千年前的屈子对着茫茫苍天连问了一大串的问题。在《天问》中我们读出了他的感伤与无奈，也读出了千年的沉重与千年的孤独。面对苍茫大地与壮丽河山，一代伟人毛泽东也发出了‘谁主沉浮’的疑问。在这首词里我们或许会读出词人的一丝惆怅，但更多的应该是伟人那主宰天地的壮志与豪情。同学们也是书生意气，风华正茂，也应有‘到中流击水’的豪迈。世界是你们的，但世界更是属于有伟大志向的奋斗者的！”这一结尾上连屈原，中接毛泽东，下启学生，很容易激发学生“舍我其谁”的豪情壮志，更能激发学生的自信。

二、小结语的语言艺术性

常言道 ：“编筐织篓，贵在收口。”“描龙画凤，贵在点睛。”课堂教学的结语是课堂教学的有机组成部分，是课堂教学不可或缺的重要环节。我们应该重视课堂最后几分钟的有效利用，克服头重脚轻的错误倾向。只有精雕细琢，匠心独运地设计艺术性结语，才能产生事半功倍的教学效果，才能使课堂教学得到升华，展现课堂的生命力。

1. 精辟语言，画龙点睛

课堂教学中新课的导入和讲授像一张网一样逐渐铺开，在学生对教材内容进行了认真的研读，对一些问题做了深入的思考的基础上，课堂教学的结尾就应该用巧妙的构思，简练的语言把这张网收起来，教师在结尾处用精辟的语言稍加点化，则可引起学生强烈的共鸣，从而更深刻地感知、理解、升华所学内容。例如教学“圆面积计算”，结尾时教师拿出一张正方形纸片，用剪刀剪成一个圆，问 ：“怎样求它的面积？”教师随即拿起剪去的部分，问:“怎样求它的面积？”（S 正 −S 圆）

再用剪刀在圆纸片中任意剪去一个三角形，问："现在谁能求出它的面积？（S圆 –S三角形）接着又用圆纸片分别在中间剪去一个长方表、正方形、梯形、小圆等，分别请学生求面积。然后再拿一张圆纸片，把它对折后问学生："会不会求它的面积？"再对折后，问："现在呢？"再对折后，问："还会吗？"运用这种方式结尾，学生感到兴奋、欢乐、有趣，从而激发起学生的求知欲，同时为后面学习扇形面积、组合图形面积的计算做好了充分的准备。

2. 经典诗句，渲染意境

一节课无论从时间上还是在空间上都受到约束，特别是课堂教学中的教学容量更是有限的，但教师可以运用教学艺术将学生带入一种超时空的教学意境，让学生主动参与教学活动，最大限度地利用时空，以有限展现无限。在课堂结尾处，结合教材选取一些诗歌、散文等作品引导学生领略文学作品的审美价值的同时，培养、训练和提高学生的意象思维、想象力和审美评价能力，同时又丰富了感情发展了个性，达到耳目一新的感觉，由此创设听课的最佳境界。

3. 巧用音乐，冶情励志

新课程确立了"知识与能力""过程与方法""情感态度价值观"三位一体的价值观，因此，教师本着"三者和谐发展""突出人性养育"的理念去设计课堂教学，使课堂成为传播知识的摇篮，又成为人性养育的殿堂。有这样一句话：世界上只有两样东西是永恒的：一个是高悬在天上的日月星辰，另一个是隐藏在内心深处的情怀。为此，教师需通过情感教学，激发学生潜在的情感意识并转化为学生自己的观点，才能达到教学目的。音乐则是解决这个问题的一剂良方。音乐不仅能增添课堂的生命力和灵动跳跃之感，还是情感的寄托，是情感的归宿。如果能巧妙地运用合适的音乐作为课堂的结语，不仅能陶冶情操，达到此时无声胜有声的意境，还能触动灵魂的最深处，激发潜在的情感和热情。

4. 设置悬念、预示新课

叶圣陶说："结尾是文章完了的地方，但结尾最忌的却是真个完了。"所以，优秀的教师在教学结课时常常使用设立悬念的方法，使学生在"欲知后事如何"

时却戛然而止，从而给学生留下一个有待探索的未知数，激起学生学习新知识的强烈欲望，使“且听下回分解”成为学生的学习期待。一般上、下两节课的内容和形式均有密切联系的，用悬念式结课较好。从心理学角度讲，临近下课，学生注意力开始分散，学习热情会有所下降，课堂的气氛有所冷清。为此，教师必须组织好第二次“飞跃”的教学过程，引起学生的注意力，激发学生的求知欲。如何组织呢？由于，一个章节的知识具有连环性和条理性，特别是每个框题都是密不可分的，因此，教师可以在课堂收尾时，抓住框题之间的联系设置悬念，吊住学生的胃口，即可以改变冷清的氛围，又可以为下一节课做好铺垫，可谓“一箭双雕”。如有位教师讲授等差数列后，下节课要讲等比数列，在结束时提出：数列 20，10，5，2.5，1.25 的第 10 项是多少？这时学生马上活跃起来，有的在一项一项地算下去，有的企图寻找什么规律，这位老师就抓住此时学生的心理说：其实第 10 项是很容易找的，等下一节课你们就知道了。这样，学生一定很想知道这里的奥秘，急切地等着下一节课，并为上好下节课做好了铺垫。

统计源于需要

【课题】一年级数学《统计》

【结束】一上课就说明：要按各组同学的表现奖励智慧星，评出最佳小组。课堂结尾时教师问：“这节课，哪一组是我们的最佳小组呢？你们统计好了吗？”这一问正好呼应了本节课开始所提的要求。

（节选自江苏省扬州市宝应县实验小学　教师童晓芳的教学片段）

于勒能认出“我们”吗

【课题】九年级语文《我的叔叔于勒》

【结束】当菲利普夫妇已证实那个“衣服褴褛的年老水手”就是自己寄托着无限希望的亲弟弟于勒时，连忙招呼大家迅速回避。此时的于勒难道什么都没觉察吗?

生1：于勒应当看到了“我们”一家，但他为什么故意装糊涂呢?

生2：是啊！出门在外的游子最思念亲人，于勒为什么不到他哥哥家看看呢?

生3：倘然于勒有朝一日又有钱了，又会发生什么故事呢?

（节选自湖北省黄梅县独山中学　教师吴再柱的教学片段）

让电阻说唱

【课题】探究电阻上电流跟两端电压的关系

【结束】小结时，一名学生利用改编歌曲展示了学习本节课的收获，他借用《爱不会绝迹》曲调。

我站在八（3）班的屋顶，用放大镜看天地，发现太多的规律。一起去寻觅，电流电压的关系。合作学习，未知的定律，不能抹去电阻本身的传奇。我们手移滑动变阻器，科学探究其中的奥秘。通过3次实验计算出数据，总结出实验结论的依据，科学的天地，解开了奥秘。哦——始终都相信——电流电压成正比。

另一名学生运用快板形式展示了本节课的收获。

当哩咯当，当哩咯当，竹板这么一打，别的咱不夸——今天说一说，电阻上的电流跟电压，电阻一定时，电压越大，电流也越大。要是问为啥，先得学习控制变量法，先要控制电阻这个物理量，再来分析电流跟电压。电流除电压，比值不变化；滑动变阻器，起的作用大。除了改变电阻两端的电流和电压，还能保护电路呀！哈哈，哈哈……

结尾在仿写中陶醉

【课题】《醉翁亭记》

【结束】作者说：“醉翁之意不在酒，在乎山水之间也。”我们可以套用这个句式来总结本课学习内容：“醉翁之意不在酒，在乎……之间也。”

生：醉翁之意不在酒，在乎“述文”之间也。

生：醉翁之意不在酒，在乎“民乐”之间也。

生：醉翁之意不在酒，在乎“滁人”之间也。

生：醉翁之意不在酒，在乎“百姓”之间也。

生：醉翁之意不在酒，在乎“政通人和”之间也。

生：醉翁之意不在酒，在乎“百废俱兴”之间也。

（节选自湖南省长沙市第26中学　教师吴丽珊的教学片段）

创意作业，乐此不疲

【课题】函数图像

【结束】第一课时，学习函数图像的应用，我选择了一个寓言童话《乌鸦喝水》作为例题——用函数图像的知识诠释乌鸦喝水的过程。在小结时设计如下：同学们，本节课你有哪些收获想和大家分享？请尝试着用刚学会的函数图像知识重新编写《龟兔赛跑》的故事。这样的方式同学们特别喜欢，跃跃欲试。几分钟后，每位同学都呈现了一份函数图像的《龟兔赛跑》的故事。看到同学们意犹未尽，创作热情十足，我布置一道作业，让他们把这个新编的故事，课下呈现在作业上，以自己的名字张贴在我们的作业“超市”里。

思考题：

1. 以上各个案例的小结语语段特点是什么？

2. 对以上小结语语段进行分析，并结合自身学科特点自行设计几种小结语样式？

第五章　走进心声：教师的教育语言艺术

语言是人类最重要的交际工具，是人们沟通交流的最有效的表达方式。尽管文字、图片、表情、声音等都可以传递信息，但语言无疑是最直接的，也是最方便的媒介。而对于这一已历经千百万年发展变化的沟通方式而言，它已不仅仅是一种工具，更已经被上升到了艺术的层面。说到语言艺术，通俗点说便是一种说话的技巧，通过这种有技巧的语言，就可以达到一种积极促进或是有效的结果。而对于教师这一行业，语言艺术是尤为重要的，特别是教育性的语言，因为教师对学生施教，虽需要采取多种多样的手段，随着科学的进步，教育手段必将不断进步，但无论教育的手段怎样发展，教师的语言对学生永远起着模范的作用。苏霍姆林斯基曾说："教师的语言是只用什么也代替不了的影响学生灵魂的工具，教育的艺术首先包括说话的艺术，同人交流的艺术。"也就是说，要想达到教育的目的，教师必须重视教育语言的修养，掌握语言艺术仍是不可取代的教师必备的基本功。

第一节　启迪语的艺术

怎样启迪

一堂教学公开课，教师为了引入数的乘法运算，设计了这样一个情景：教师展示了草地上有一群兔子的图画。师问："同学们，你们看到了什么？"生答："看到一棵树。"师问："你们又看到了什么？"生答："看到一座桥。"师问："你们又看到了什么？"生答："看到一条溪。"甚至有学生说看到的不是一条小溪，而是一条河。教师急了，师问："难道你们没有看到兔子吗？"生答："有。"师问："你们看到多少只兔子？"生答："不知道。"师说："再看一看。"生答："有十二只。"师问："你怎么知道？"生答："我是一只一只的数。"师问："难道我们没有看到每两只兔子在一起吗？共有 6 对兔子在一起，故应是 6×2=12 只。"此时，教师又提出问题："一只一只的数比一对一对的数是否麻烦。"学生回答：麻烦，有生回答：不麻烦。经过教学之后，教师又展示了一幅画，其中有 3 排花，每排有 5 盆花，教师提出问题，画面上有几盆花，在学生考虑过程中，忽然有一生冒出一句话："怎么二个又多一呢？"……

（节选自互联网）

案例分析：

教师，原本设想采用情景式启迪方法，然而在启迪学生的过程中，学生没有按照教师的设想方式回答。此例说明了教师在创设情景时，未能充分考虑学生的实际水平。其实，创设情景启迪必须充分考虑学生有可能的思维形式。学生是不会完全按教师的设计意图而进行学习的，教师在设计启迪性语言时，一定先要了解启迪语的特点，要清楚什么样的启迪方式适合什么样的学生，要做到心中有数才能灵活运用。

（一）启迪语的特点

启迪语，是指教师开启学生的情感和认识，促进学生积极思维，进行自我教育，通过对话、发言、谈心、交谈等方式，给学生以开导和指引，启发学生自己积极地思考。启迪语引导学生自我践约，帮助违约学生实行自我反省，诱导学生形成正确观念，激发他们的内趋力并付诸行动。

1. 点拨性

启迪语的特点是老师用点拨的方法开启学生的思维，开发他们的语言能力（提高语言感受力和理解力，强化语言回应能力），现代教育理念提倡“启发式”教学。据史料记载，早在春秋时期，我国古代教育家孔子就常用富有启发式的提问进行教学，后来，《学记》继承和发展了这一教学思想，指出“君子之教，喻也。道而弗牵，强而弗抑，开而弗达。”这是强调了教师的教学要善于启发引导学生，而不是牵着他们，激励他们主动学习而不是压抑他们，要开启他们的思维而不是替他们去做结论。现代课程的目标，是培养能够独立思考，独立学习，具备创新精神、合作意识和开放视野的人。而要达到以上要求，就要彻底改变教师课堂教学语言平铺直叙、呆板乏味、缺乏生机的现状。这就要求教师必须重视课堂教学语言的启发性。

2. 灵活性

教师应用启迪性语言时，一定要结合现实情境灵活地运用，如果是课堂采用启迪的方式，就要结合教学内容灵活地调控。像中学语文教材就为教师运用启发性语言提供了广阔的天地。教师在授课时，可以根据字词、语段、篇目、修辞、逻辑等知识系统中的知识点灵活地使用启发性语言。好的启发性语言应该是，“导而弗牵，强而弗抑，开而弗达”（《礼记·学记》）。如在讲授《项脊轩志》的附记部分时，遇到这样一个细节：归有光的妻子从娘家回来后，转述小妹们的话，说：“闻姊家有阁子，且何谓阁子也？”这一笔看似突然逸出，实则独具匠心，体现出了作者的大手笔。这一细节如果直接讲述，肯定不会产生理想的教学效果。如若使用启发性很强的语言：“小妹们的问话是怎样产生的？反映了她们怎样的心理？怎样理解通过这一细节，描写了作者婚后的愉快生活？”这样就会使学生深刻地体悟到归有光对妻子浓浓的爱意和深深的思念，就能够达到事半功倍的教学效果。

3. 情感性

情感性的启迪是用浓郁的情感激发学生，在师生情感交融中实施教育。唯有真诚才有感染力，因此，老师要动真情、说真话，善于捕捉容易使学生情绪激动的时机，激发他们的动情点，要积极创设使情感能够顺利交流并获得成功的氛围。教师要善于打开学生的心灵，使学生和自己真诚对话，必要时要多一些鼓励，让学生更加自信，同时也增加学生对教师的信任感，如班上有一名有点口吃的男孩，由于有语言障碍常被同学取笑，又因学习成绩不太好，变得自卑和内向起来。那堂课上，老师发现他犹犹豫豫想举手答题，老师抓住机会，毫不犹豫地叫了他。他胆怯地站起来，不知所措。老师把问题轻声重复一遍，并鼓励他说："今天你能勇敢地举起手，老师为你感到高兴，别紧张，好好思考，老师等你回答。"他抬起头："丑……小鸭美……美……"学生们发出嗤嗤的笑声，小男孩脸红了，低下了头。"丑小鸭其实是一只美丽的天鹅，再说一遍，好吗？"在老师的启发下，他终于比较圆满地回答了问题。老师趁机鼓励："说得真棒，丑小鸭并不丑，它是一只美丽的天鹅。在老师眼中，你们个个都是美丽的小天鹅，特别是上课爱动脑筋、爱学习的孩子。"从那堂课起，老师发现这个小男孩变了，变得自信多了。课堂上常常见他高高地举着小手，语言表达能力渐渐地强起来，写起作业来也更认真了。

二、启迪语应用原则

1. 先"了解"

教师在教育学生时，前提是要了解你的学生，了解是沟通思想认识的前提，了解学生才能知道他们的愿望、要求、个性、情绪。根据学生的特点，教师采用不同类型的启迪语，这样才能"对症下药"，把话说到对方的心坎上，避免了教育的主观性和盲目性。

2. 要"缓和"

巧妙的启迪语言会使紧张的场面缓和下来，化解师生间紧张的气氛学生。有些学生做错了事，想到事态后果，他们的心态常常紧张拘谨；一些性格倔强的学生闯了祸，甚至会先摆出对抗的态势，对教师的教育谈话采取戒备和抵制的态度。这些情况都不利于教育谈话的顺利进行。因此，缓和化解紧张气氛就成为消除双方心理隔膜的首要步骤了。说一句带有比喻式的启迪语是驱散紧张气氛，沟通双

方情感的常用方法。

3. 会“选择”

选择正确恰当的启迪类型，设计合理的启迪句式和语气，切合学生的思想实际和认识水平，选择学生最易接受的角度和直观形象的事物，来调动学生积极思维。实验证明，人与人之间是否心理相容，与选择的句式和语气密切相关。导致心理不相容的可能是话语内容，但也可能仅仅是不恰当的句式、语气和语态。比如在感情较冲动的情况下疑问句就不如陈述句平和委婉，反问句就更加生硬。直问句的语气，往往带有咄咄逼人的意味，会给对方造成强大的思想和心理压力，造成“没气生气”、“越听越气”的不良后果，成为妨碍沟通的障碍。因此，教师选择合理的启迪类型，再根据启迪类型设计语言技巧，才有可能在教育学生时，达到良好的教育效果。

4. 抓“时机”

教师应具备的启发艺术，还表现为善于把握和抓住启发的时机。打铁要看准火候，启发式教学也要选择恰当的时机，对此，孔子的“不愤不启，不悱不发”告诉我们：教师只有当学生处于“心求通而未得，口欲言而未能”的愤悱状态时，才能及时予以点拨和诱导，帮助学生排除思维的障碍，使他们积极热情地投入到探索活动中。如在课堂上教师布置学生做如下练习：质量为 7.9 千克的正方体铁块平放在面积为 0.2 平方米的水平桌面中央，铁块对桌面的压强为多大？学生很快地解得：$P=\frac{F}{S}=\frac{G}{S}=\frac{7.9\times9.8}{0.2}=387.1$ (pa)。在多数学生为解题成功而感到欣欣然时，教师突然说：解错了。学生顿感惊讶：为何错了，错在何处？在学生急需寻个水落石出的这个“火候”上，教师不失时机地点拨道：公式中的“S”指的是什么？铁块的底面积是多少？于是学生便很快地察觉出他们所犯的错误，并找到正确的解法。

三、常用启迪语的类型

1. 提问式

提问是提出问题启迪学生思维，引导思维的正确方向的口语表达方式。提问的方式很多，可以有诱导式、过渡式、比较式、追踪式、揭疑式、辐散式、创造式、转弯式、点睛式等等，但要注意，千万不可以把提问变作责问、盘问、追问、逼问等。学习初中文言文《卖炭翁》一课，教师可以这样导入："同学们，一个衣不暖身的穷苦人，对风和日丽、阳光照耀的天气该是多么盼望啊，但是，很久很久以前，有一位穿得十分单薄的老人，却不喜欢这样的好天气，总是期待着朔风凛冽，大雪纷飞。他就是白居易笔下的'卖炭翁'，卖炭翁为什么有这样的反常心理呢？让我们一起走进卖炭翁的生活去寻找答案吧。"由于学生急于去理解卖炭翁的反常心理，都迫不及地去阅读课文探究问题，使课堂步入佳境，利用这种启发式的导入语就会激发起学生探究的欲望，从而收到良好的教学效果。

2. 类比式

类比是用举例来说明事物，讲清道理的口语表达方式。用这种类型的启迪语可以使抽象变具体，模糊变清晰，还可以比较出两种事物的异同，启迪学生进行更深入的思考，如一位历史教师在讲述为何中国共产党能领导中国革命取得胜利时，教师可把疑点放在中国民主革命时期各阶级的革命道路的比较上，并指示学生从领导阶级、指导思想、依靠力量、斗争方式、斗争结果等多方面去比较农民阶级、资产阶级、无产阶级所走的道路。通过比较可以加深学生对中国民主革命的了解，它告诉我们，在民主革命时期先进的中国人为了救国、建国，曾经选择了各种方案，探索过各种道路，经过了斗争、失败、再斗争，最终以中国共产党拿起马克思主义的思想武器，确定了社会主义方向。经过曲折复杂的斗争，才取得胜利。对中国民主革命的比较，可使学生进一步了解中国共产党，从而加深对党的热爱。

3. 比喻式

比喻可以调动学生的想象力和逻辑思维能力，启迪学生理解较深刻的道理，促进他们对自己的言行进行反思。比喻时要注意选择符合学生的知识水平和认识水平，不要过于深奥和晦涩。如班上有一个小女孩，卫生习惯总是不太好，最让班主任头疼的是，她经常不剪手指甲，指甲又黑又长，还喜欢把手指放在嘴巴里。上课时，班主任又见她把手指放进嘴巴里，就走到她的座位边，轻轻地把她的手

指抽出，然后模仿细菌自信的口吻说：“我们是一群害人的细菌，原以为主人会把我们驱赶出去，从此到黑暗的阴沟里生活，可我的主人太爱我们了。她把我们请到她的肚子里，我们终于找到了温暖舒适的家。我们就在她的肚子里安家，让主人肚里的营养变成我的美食……”小女孩惊讶地看着班主任，眼睛越睁越大，然后开始拼命地往外吐口水。班主任笑了笑说：“不好，主人又把我们吐出来了。看来，我们完蛋了……”大家咯咯地笑了起来，从此，班主任再也没看见她吃指头了。

4. 发散式

发散式启发语言具有突发性、随意性特点。课堂教学中，如果教师能在某些关键的地方用发散式启发性的语言提出问题，就会起到“一石激起千层浪”的效果，既能活跃课堂气氛，又能引发学生去思考，把握要领。记得听过一位小学教师教柳宗元的《江雪》一课，当疏通文义后，有一个学生向老师提出了一个让人费解的问题：“老师，这么冷的天，这位老翁为什么还在钓鱼呢？”这位教师并不急着给学生答案，而是让其他学生帮着回答。有的学生说是老翁家穷，出来钓鱼改善生活，有的认为老翁与家人吵架出来钓鱼散心等，学生们各抒已见，答案五花八门，这时这位教师反问学生一句：“老翁真的在钓鱼吗？”从而激发学生深入思考，在教师的帮助下学生们终于理解老翁钓鱼的用意并不在于鱼，而是以此表达自身对政治仕途的感怀，此举是中国文人官文化的一种体现。教学实践证明，课堂教学中教师善用启发性的语言艺术对启迪学生思维，更好地让学生掌握知识，激发学生学习兴趣，活跃课堂气氛，提高教学质量都有着十分重要的作用。

5. 分析式

分析是在教育口语中通过分清事物的主次、表里、本质与非本质等，引导学生对客观事物做出肯定或否定的评价。理性启迪就是通过分析来启发学生自己提高认识。它从提高理性认识入手，使学生知正误、明是非，但要注意不就事论事，对事或问题的内涵加以分析、概括、提炼、延伸，而是要运用富于理性色彩的语言加以渲染、表述，使事理得以升华。

思考与感悟

九义人教版物理第二册第18页，有这样一个演示实验：拿一个大口的厚玻璃瓶，瓶内装入少量的水，用塞子塞紧，通过塞子上的开口往瓶里打气……。旨在塞子从瓶口跳起来时容器中有“白雾”出现，说明物体对外做功时，本身的内能会减少。若在做完实验后，A教师即问学生：“这个实验说明了什么问题？为什么是这样？我们是怎样思考的？……”B教师问：“塞子跳起是谁做功？它的内能将怎样变化？它的温度将怎样？……”

总之，教师的启发是一门学问，要搞好启发式教学，教师必须“巧设情境，善用‘原型’，抓住时机，把握力度”。只有具备了这样的启发艺术，才可称之为“启而得法”，从而收到“启而得发”之效果。

思考题：

1. 哪位教师启迪语设计得更合理？
2. 为什么这种启迪语设计是合理的，说说你的理由？

第二节　激励语的艺术

德国教育家第斯多惠曾经说过：“教学的艺术不在于传授本领，而在于激励、唤醒和鼓舞。”而我们在多年的教学实践中也深刻认识到：积极的课堂评价，能够使学生在心理上获得自信和成功的体验，激发学生学习动机，诱发学习兴趣，进而主动学习。

批评转化表扬

一个周一的早晨，老师像往常一样走进了教室。因为刚过完周末，学生的脸上都露出了疲倦的神色。老师在黑板上写了今天要讲的题目：《厄运打不垮的信念》。“来，齐读课题！”“厄——运——打——不——垮——的——信——念。”学生的声音还是一样的拖沓无力。如果换做往常，老师一定会批评他们了，但今天，老师转念一想，就算是批评也还是不会有什么效果，不如。换种方式吧，她非常诚恳地说，“同学们读的声音响亮，读音很准！能读得干脆些吗？”很多同学对老师这种本应批而却大大赞赏的态度感到意外，但看到老师期盼的目光后，精神为之一振，不自觉挺起了胸，仰起了头，精神头十足。老师心中一喜，奏效了。“厄运打不垮的信念！”“大家读得太棒了！”她由衷地为同学们精彩的齐读伸出大拇指。“读了课题，你的心中是否产生了小问号？”只见一只只小手踊跃地举了起来，和往日的课堂明显不同。“谁有厄运打不垮的信念？”一个平日里做事马虎的孩子第一个发言。“你真是个有心的孩子！”“主人公遇到了什么厄运？”“你提的问题很有价值，老师真为你高兴！”老师不失时机地表扬，只见他自信地冲周围的同学笑了笑。“为什么厄运打不垮他？”一个平时不爱说话的同学这回是一问惊人，“你是个会钻研的孩子，这一问道出了课文真谛！”老师摸着他的头，由衷地称赞。他腼腆地笑了笑，但从他的微笑中能看出他心中的自豪和激动。此时，教室里质疑气氛异常浓烈，学生学习积极性极度高涨，老师便趁热打铁，“那同学们赶快读书，去探寻小问号的答案。”同学们个个兴趣盎然，一边读书，一边圈画，一边不时同桌间交流、讨论，不到半节课，预想目标都完成了。没想到这节课的效果这样好，老师并没费多少口舌，学生通过质疑、释疑轻松地完成了任务。难怪一个平时比较调皮的学生一下课竟说：“这节课感觉真不一样！”

案例分析：

从教学案例中我们得出，鼓励你的学生比批评你的学生更胜一筹，要学会给予学生积极的评价，要学会多运用一些激励性的语言，莎士比亚说：“赞赏是照在人心灵上的阳光。”当然通常我们多采取赞赏、激励性的评价，这有助于保护学生的自尊心，激发上进心。但同样一个“好”字，可以说得平淡如水，让人有勉强之嫌；也可以说得激情满怀，让人感受到是你发自内心的赞赏。案例中教师真诚的语言、亲切的语调、鼓励的言辞、友善的微笑，营造了一个充满关爱的课堂氛围，让学生品尝到被人尊重的喜悦，感受到生命存在的价值。而有些教师一味迎合学生的过分表扬十分流行，“好极了”“你真聪明”“你真棒”“你真了不起”等既含糊又夸张的表扬声充斥着整个课堂。教师如果总是用那种“放之四海而皆准”的浮泛空洞的语言来评价学生，或者让学生轻而易举地得到奖励，学生就会觉得索然寡味。久而久之，对教师的评价与奖励就会产生淡漠感。只会使学生变得浮躁、麻木、势利，批判力锐减，承受挫折的能力下降，把学生引向随意附和、不尊重科学的歧途中，给学生产生误导作用，认为只要有发言就能得到老师的表扬，从而使学生忽视了对答题的思考，抑制了学生创造性思维能力的发展。

一、当前教师激励语言存在的问题

1. 夸张的表扬

夸张的表扬不利于培养学生的学习兴趣，有的教师表扬言过其实，严重地影响了学生的是非判断观念，从长远看也不利于学生养成良好的性格。我们经常会听见有的老师说,“这个学生很聪明,就是不努力学习,如果他努力学习肯定能……”其实，这个学生本身没有那么聪明，开始学生很信老师的话，努力学习一段时间，结果发现自己成绩还是没提高上来，或是感到自己能力不够，但老师说他聪明，因此自欺欺人地想：“我不努力，老师还认为我聪明，我努力，效果不佳，那不就说明我不聪明了吗？”于是，学生不再努力，永远心理安慰自己说：“我聪明，只是我不肯学而已。”还有的学生干脆仗着“聪明”头衔不思进取。所以教师不应该为了鼓励学生的信心和勇气而进行“善意的欺骗”，那样往往会弄巧成拙，适得其反。因此只有教师运用正确的激励语言，这些激励的语言才会在教师与学生之间架起一座桥梁，不仅拉近了彼此之间的距离，更使学生产生自信心、上进心，培养学生的创新精神和发散思维，引导着他们向着积极的方向付出努力并且获得最

大可能的发展。

2. 盲目的表扬

有些教师为了表扬而表扬，无论学生做得如何都表扬，这种盲目的表扬是非常廉价的，学生会在这盲目的、毫无意义的表扬中迷失自我。一位年轻的钢琴教师，想从众多学生中选出几个弹得较好的学生试讲。在挑选时，她对每个弹钢琴的学生都进行表扬："你很棒，不错。"有一些学生刚弹两个音，教师就说，"你弹得真好，可以了。"学生很愕然，还有的学生根本没练琴也得到不应该的表扬，这种盲目的表扬不仅给那些不努力练琴的学生造成不弹琴也可以弹好的假象，也影响了那些努力练琴的学生，他们会感到无论练与不练都能得到表扬，那么练琴又有何意义呢？渐渐地学生对学琴的兴趣降低了。

3. 频繁的表扬

频繁的表扬、奖励不利于培养学生内在的持久的学习兴趣。有的教师激励、赞赏的语言太多，使用得太频繁，学生最初会对教师的表扬产生怀疑，到最后的不以为然，教师再说类似表扬的话语已经丝毫不起作用，学生对表扬的话语已经疲惫了，表扬也就失去了它原本的意义。

二、激励语言用语原则

1. 真实性

教师使用激励性的语言时一定要用事实说话，不要单纯地对学生说"你真棒""你是个好学生"之类的话，因为不合实际的表扬，只会加害学生的无知。赞美的词语是为了巩固、增强学生的良好行为，让学生清楚地明白什么是好的、什么是坏的，怎么做才是对的，一个哲人曾说过："只有真实的赞美才最能打动人的心灵。"因此，不管在什么时候、地方赞美学生，教师都应该注意态度，要实事求。学生才会感受到被赞美的快乐，才能真正达到赞美的教育目的。

2. 含蓄性

激励语言应用时应讲些技巧，不是大张旗鼓就可以发挥出它的功效，要因势利导，如有些学生已经很用心，很努力地去做了，但仍没有达到教师的预期效果，这时教师可以含蓄地鼓励，既鼓励他克服困难的勇气，又可避免不切时宜的表扬会膨胀了他的内心世界。

3. 及时性

教师在教育学生时，要及时地发现学生的优点，要善于在平凡中捕捉细微的不平凡之处，并给予积极的回应和及时的赞美。如当学生的发言与众不同时，教师可以赞叹："你是一个很有想法的孩子，你的见解很有创意！"这句话让学生知道自己有创新思维和发展潜力，激励了学生不断朝着正确方向努力，成为高素质人才。

4. 丰富性

教师用赞美词、激励的言语时要注意，用词的丰富性，要从多角度、多层次、多层面去赞美，不要频繁使用大众的赞美词如"较好、更好、很好、优秀"等等，要从多个角度反映赞美对象的闪光点，让引导变得更丰富，使每一次的赞美都有效的激励学生前进。

三、激励语言的设计

德国教育家第斯多惠曾说："教学的艺术不在于传授的本领，而在于激励、唤醒、鼓舞。"教师激励性的语言能够充分发挥和调动学生的积极性、主动性和创造性，营造出一种"海阔凭鱼跃，天高任鸟飞"的育人氛围。

1. 恰当运用称赞的言语激励学生

当学生做出一些努力还未见成效，对自己的能力产生怀疑时，这时候教师及时地用称赞的言语，会让学生再次对自己充满信心，肯定自我，鼓起克服困难的勇气。

比如对学生说："我们每个同学都很聪明，应该积极发表自己的见解！"这是通过激励性的语言给予学生信心，巧妙地引导学生积极思考，激发学生展开新一轮挑战的决心。这在潜移默化中增强了学生战胜困难的信心和恒心。

“你只要用心做，这些事根本难不倒你！”这是告诉学生，没有做不好的事，自己的态度是关键。只要专心，有耐心、恒心，就一定能够进步。

“你的潜力很大，对于你来说，只要好好挖掘，没有不可能的！”这是一句发展性的评价语，教师帮助学生认识他们在学习上已达到的程度和已具备的能力，鼓励学生继续努力，不断挖掘自身潜力，实现自身的可持续发展。“你敢于向老师（对教材）提出个人见解，非常了不起！”这是教师在课堂上对学生行为评价的话语，体现了对学生敢于发问的肯定。这是教师对学生发问行为本身的尊重，会在一定程度上激发学生的创新思维，使学生获得最大限度的发展。

“你的思维很独特！能说说你的想法吗？”这是教师一种邀请式的做法，对学生行为给予了较高的评价，邀请式的做法体现了教师对学生人格和行为价值的尊重。这种做法会使学生在得到充分尊重的前提下，更易于和教师进行交流，发表自己的见解。

“你提的问题很有思考价值，我们共同研究一下。”教师采用平等对话式的语气，对学生提出问题给予了肯定，体现了对学生的尊重和对学生所提出问题的关注。这样会进一步激发学生对问题深入思考的兴趣，使学生在课堂上获得高层次的发展。

“说错了没关系，我会帮助你！”教师用平和的语气引导学生回答问题，消除了学生答错时可能产生的窘迫和紧张心理。这种做法易于营造一种和谐、轻松的课堂氛围，使得学生没有任何压力，在教师的指导下实现问题的解决，获得良好的身心发展。

“只要肯动脑筋，你一定会变得更聪明！”学生的能力总是希望别人给予肯定，教师运用正面引导的话语，充分展现了学生获得良好发展的前景，同时又隐含着告诉学生取得成功的正确途径和方法——“肯动脑”。这样的话语会使学生向着积极的方向付出努力并且获得最大可能的发展。

“你永远是最出色的学生，我相信你！”教师用“最出色”评定学生，是对学生能力的最高褒奖，更是学生获得进一步发展的能力激发源。教师的肯定与褒奖会使学生勇于发表见解、大胆创新、进一步追求完美。

“如果你能试着喜欢上那些弱项，一定能成功！”这样充满鼓励性的话语能够帮助学生消除偏科现象，激发学生对学习的兴趣，鼓励他们全面发展。当今是一个知识经济社会，教师要善于引导学生全面发展，成为综合素质较高的人才。

2. 榜样事迹鼓励学生

榜样起着示范的模范作用，学生都有崇拜伟大人物的心理倾向，如果教师常常讲述一些榜样的事迹激发、鼓励学生，学生会毫不怀疑地接受和仿效，并且作为生活中的榜样。列宁说：“榜样力量是无穷的。”利用榜样来批评学生，是一种教育艺术，它的功效是枯燥的说教、严厉的责骂所不能及的。革命前辈、领袖人物、英雄劳模，尤其少年英雄、十佳学生、身边先进、好人好事，都是丰富的榜样资源。用英模的好思想、好道德、好作风、好行为，有针对性地引导学习对照、结合批评、启发自责。这样，学生既知错明理，又为英模精神所熏陶感染。

3. 激将方法刺激学生

激将法适合对那些要强好胜的学生，可以激发起他们潜在的动力。如有个学生每次跳远比赛，他的教练对他都用独特的语言刺激他，激发他的斗志，这位老师会说：“你肯定不行，一个农村的孩子能有参赛的资格就可以了，还想取名次那是妄想。”学生不服气，结果第一跳跳出的成绩比平时都远，老师心中窃喜而不露声色接着说：“你也就是运气好一些罢了，你实际水平也就到这吧，别对自己抱有幻想。”学生一听更加恼怒，结果一气之下又多跳出一些，最后这位学生在老师不断的激将下越跳越远，最后取得第一名。当然这种方法不是每个学生都适合的，教师若想采用这种方式激励学生，一定要对自己的学生有充分的了解。

4. 真情实感激发学生

教师如用带有真情实感的话语激励学生，特别是对那些有个性的学生，或是性格比较内向的学生，常常会受到意想不到的效果，因为教师的每一个笑容、每一句推心置腹的话往往传递了信任和鼓励的信心。如教师用正确的方法教育学生认识富有与贫穷，告诉学生，只要通过自己的努力，就可以实现自身命运的改变，

变成一个物质和精神都富有的人！教师可以说："也许你现在是贫困的，但老师相信，20年后，你是最富有的！"在学生的人生观和世界观逐渐形成时期，学生易于受教师的思想观点影响，教师要及时将中华传统美德及时地渗透到学生的内心，使学生成为品德高尚的人。当教师想用形象的语言，从思想品德的方面教育学生人生中需要宽容时，可以对学生说："一个人最大的美德是宽容，如果你懂得宽容，你就会有海一样的胸怀！"

思考与感悟

片段1

一位老师上《秋天的雨》的公开课，教师课前做了一大堆小红花，上课时先检查生字的掌握情况，教师出示生字卡片，学生"开火车"，读对一个生字，教师就表扬"真聪明"、"真能干"等，同时还奖励一朵小红花，整个课堂掌声起伏，结果还未进入新课，已发放了大半盆小红花，教师只好歉意地说了声："对不起，老师的小红花做少了，下节课再给你们补上。"学生听了很欣喜。

片段2

一位老师在一次公开课上请同学读课文，部分同学抑扬顿挫地把课文读得正确、流畅而又声情并茂，让人有身临其境之感。这位教师满面微笑，热情洋溢地评价：

"——读得真不错！听得出你是将自己的理解读出来了！"

"——听你的朗读真是一种享受！"

"——这个句子你读得多好呀！请你再读一遍，让大家仔细听听！"

"——你念得比老师还要棒，老师甘拜下风！"

"——多动听的声音啊，老师觉得，你长大肯定能当一个播音员！"

"——新文章你能读得这么流利，真是武功高强啊，可以收徒弟了！"

（节选互联网）

思考题：

1. 哪种激励的语言更能让学生收到良好的教学效果，并说出原因？
2. 在使用激励的语言时，教师应该避免什么样的用语？

第三节　暗示语的艺术

我错了

一天，小静同学跑到刘老师跟前突然哭了起来。原来她放在衣袋里的 20 元钱不翼而飞了。于是刘老师把全班同学集合起来，问："有谁看到或拾到小静的钱？"大家都说没有。刘老师只好对大家说："如果谁拾到的话，请立即把钱归还给小静同学。"可大家还是异口同声地说："没有看到。"这时刘老师又换一种口气说："如果有人拾到了，现在不好意思当着大家的面拿出来，回家好好想想，明天早上悄悄地送到我这里也不迟。"第二天早上还是没有人送来。刘老师想，怎样做才能既不伤害小朋友的自尊心又能使他勇敢地承认错误呢？这天的班队课，老师精心安排了一个小品，小品描述的就是这件事。小品表演完了，刘老师和大家一起围绕这个问题进行了讨论：1. 假如这些钱是我丢的，我会怎么样？ 2. 如果谁拿了或拾到了，不归还给失主，有没有想过丢失者的心情？ 3. 如果知道犯下错误，应该怎么办？大家你一言我一语，各抒己见，讨论很热烈。讨论过后，刘老师发给每人一张小纸条，并事先讲清：写的时候不能去看别人的，交上来的纸条老师绝对保密。如果你没拿别人的钱，就在纸上写"我没拿"三个字及自己的名字，如果你认识到自己错了便写上"我错了"。果真一个同学在纸条上写着"我错了"三个字。后来，他向刘老师讲了事情的经过，让老师把钱如数转还给了小静同学。老师也信守承诺，没再张扬此事。

案例分析：

案例中，教师先用演小品的方式，让学生在活动中产生相类似的情感体验，暗示地表明丢钱人的着急的心情，以及做错事应该怎样补救。这位教师知道要弄清真相，要实施教育，不能靠讲大道理，也不能用“逼供”的方式让学生承认错误。他采取的是一种近乎游戏的方式，为学生思想行为的转变创造了愉快、宽松的外部条件，这便是教育者的高明之处，也是现代生活教育的奥妙所在。通过暗示的手段要尽可能地淡化教育的痕迹，这是现代生活教育的又一真谛。

一、暗示语的作用

暗示就是对一些不便直截了当说出的意见或观点，运用委婉含蓄的语言或示意的举动，让他人通过联想领会说话者要表达的意图，从而对听者的心理、行为产生影响。有的学生自尊心很强，不喜欢“赤裸裸的”、当众揭短的教育方式，如果这类学生所犯的错误是一般性的、无意识的、影响也不大，就可以使用暗示的语言，使学生终止错误行为，因为暗示语是间接说明教育意图，不会引起受教育者的反感和对立。暗示语在教育教学中的作用是十分重要的，一位教育学家曾经告诫我们：“教师一句话可以成就一个天才，同时也可以摧毁一个天才。”那么暗示语具体有哪些作用呢?

1. 巧避锋芒

师生之间在某些非原则问题上会有不同看法，教师可以用外交辞令式的含蓄语言加以暂时的回避，让学生留有保持自己意见的余地。或者，可以避免公开发表教师目前并不想发表的意见，以免引起不必要的冲突。一位教师在全班学生面前介绍一位因犯错误逃学而刚来报到的同学时说：“由于大家都知道的原因，某学生终于在今天回到了自己的班级……”这种说法既不伤学生的面子，也没有被全班学生误解为包庇行为，甚至还包含着一些对犯错误学生的欢迎之意。所以，教师的语言是给予学生心理暗示的重要途径。

2. 维护自尊

有时暗示的话语是为了对学生的不良行为从侧面敲击一下，使其注意，又不太伤害他们的面子。有几个学生在其他任课教师的课上捣蛋，课后班主任找了他们来谈话。班主任只是说："班级打算开一次'尊师演讲会'，就请你们几位准备好上台演讲，做精彩的表演。"几位学生一听都脸红了，感到难为情，最后主动向教师认了错。再如，在讲评作业时，尽量避免用点名批评的方式。点名批评容易伤害学生的自尊心、自信心，容易让学生联想——老师不喜欢我，从而失去对学习的兴趣，与教师的初衷背道而驰。如果教师批评学生时不点名，而是使用暗示语，就会给予学生心理上的前进动力，能产生事半功倍的效果。对一个屡次违反学校纪律的调皮学生，假如教师采取说教方式，可能会取得暂时的效果，但不会长久，甚至会引起不必要的对抗。教师便可采用暗示语言，可以对学生说："这事是你干的吗？我感觉不是，因为你在我心目中是一位能够自觉遵守纪律的学生。"这种暗示语言就会引起学生思想上的共鸣，从而达到良好的教育效果。

3. 美化语言

师生沟通中如必须讨论到一些青少年不宜直接谈论的内容时，教师可用含蓄的语言让谈话不失于粗俗和有害。例如用"天才仓库"代替"精子库"的说法，用"失过足"来代替"坐过牢"等等。当然使用暗示的语言先要考虑学生的理解能力。

二、暗示的特点

1. 内容含蓄，表达委婉

暗示它不直接说出某事物，而只说出与它有关系的另一事物，让听者通过联想去理解其真正含义。心理学的研究表明，人们的认识和情感有时并不完全一致。因此，在师生沟通中教师的有些话虽然完全正确，但学生却因碍于情感而觉得难以接受，这时直言不讳效果一般就不太好。如果你把话语磨去些"棱角"，变得软化一些，使对方在听话时仍感到自己是被人尊重的，他也许既能从理智上、又在情感上接受你的意见，这就是委婉的妙用。另外，师生沟通中有时因某种原因不

便把某一信息表达得太清晰直白，而要靠对方从自己的话语中揣摸、体会出里面所蕴含着的真正意思，这种“只需意会，不必言传”的手段可称为含蓄。含蓄是教师高雅、有修养的表现，也经常表示出一种对学生的尊重。学生的年龄越大、文化程度越高，教师使用含蓄语的频率也会越高。

2. 通俗易懂，能诱发学生联想

暗示的思维基础是联想，通过语义的联系去理解事物。能否被学生理解是运用暗示语的前提条件，教师运用暗示语要旨意明确、通俗易懂，易引发学生思考。如曾经有位老师说了这样一句话：“这个知识点一定要给我背过。”我想，这位老师的初衷应该是没错，强调了此问题的重要性。站在老师的角度，这是本节课的教学重点，我要强调突出，你记住了，我就放心了。站在学生的角度想的是，我是为了老师才记住的，并不是我想记住。这无疑是给了学生这样的心理暗示。此时，教师具有权威性，有点发号施令的感觉。学生如果习惯了听从老师的教导，这无可非议。可是，教育的目的是培养学生的学习习惯和学习能力，变被动为主动。我想，如果老师说：“这个知识点不但是考试的重点，生活中你也会经常用得到。”这样角度就变了，这是真正站在学生的角度，学生需要好成绩和生活能力，自然就会加强记忆了，这样也有利于融洽师生关系。

3. 时限性强，受情境局限

暗示语只能在一定情境中产生和发挥作用，抓准时机十分必要。暗示语有一定的局限性，不宜用于需要充分而深刻说理的教育活动。我们再来看一个例子，李老师在执教《给予是快乐的》一文时，有这么一个环节：学生理解了“给予是快乐”的含义之后进行拓展延伸，设计环节是让学生联系自己的生活实际，举例说明给予是快乐的。上课时，李老师这么问：“请问你有没有因帮助别人而感到快乐的事情？如果有的话能请你说一说吗？”课堂上冷场了，教师稍等片刻（4 ~ 5 秒钟）又说：“难道不愿意把你的快乐说给大家，这不是有点太自私了呢？”这两句话都有一定的问题。学生听到第一个问题时的第一思维过程是判断自己有没有，学生在没有深入思考回忆的情况下，先回答第一个问题的反应是我好像没有？第二个问题也就没有答案了。可以改一下问话“把你帮助别人而感到快乐的事说出来给大家分享一下（语气要是鼓励的）”，这样学生不再有“有没有”的第一判断，而是直接去记忆素材库中搜索“帮助别人而感到快乐的”的事例了，语言的暗示起了作用，学生在被暗示中思考了。“难道不愿意把你的快乐说给大家，这不是有点太自私了吗？”这句问话的问题更大，一节课就围绕着一个问题展开也不可能让学生全部说一遍，学生如果没有想起或者没有把握表达好就不会回答，但是学生已被自己定位为“我自私”了，学生、老师或许没有意识到，但是这种心理暗示是确实存在的。如果长时间被这种不利暗示包围的话，学生的人品、自信等就会发展不利了；不如改一下：“如果你把自己的快乐告诉了大家，大家加深了理解，你不就是在帮助和给予吗？这样你也会因看到别人快乐而快乐的，谁来试一试？”4. 模糊性，留有余地

在师生沟通中，有时会因某种原因不便或不愿把自己的一些意见明确地表达出来，这时，教师就可以采用模糊的口语技巧，把输出的信息“模糊化”。模糊的说法有时是为了使沟通留有余地。当教师对学生的一些事情的真相未了解清楚，特别对突发事件的结局尚不明朗时，运用模糊语能给教师留下主动性和灵活性。例如，有学生反映班上一对男女学生像是在“早恋”，教师在没有彻底弄清情况前，没有急于做出反应，只是对反映的学生说：“我也注意到了一些现象，不知是否真是这样。请你不要再谈论此事，不管怎样，我会按照我一贯的原则来处理好的。”教师表面上的轻描淡写和模糊简洁，避免了把事态再扩大，有利于今后谨慎、正确地处理此事。模糊有时也是为了照顾对方的自尊，尤其是批评性的语言。例如，教师在班会上讲评学生问题时，一般都这么说：“绝大多数学生是好的，少数学生还存在问题，个别学生特别差。”一方面保护了存在问题学生的自尊，同时又对他们起提醒、敲打作用。模糊有时是为了避开某些敏感的问题。有学生问班主任：“你觉得教我们班级的任课教师中谁课上得最好？”教师回答是：“各有各人的特点吧。”又如学生问：“老师，您是不是最喜欢我们班的某学生？”教师答：“是好学生老师都喜欢。”值得注意的是，模糊不等于糊涂。糊涂者思路杂乱、逻辑不清，而使

用模糊语言者思路是清晰的、目的是明确的、语言本身也符合语法逻辑。在大多数情况下，沟通口语需要明确，模糊表达只是在一定情境下的权宜之计。

三、暗示语的设计

暗示语在教学中，在与学生的沟通中都起到了非常重要的作用，不好的暗示，会让教学的效果大打折扣，会让教师与学生之间很难有融洽的关系，甚至会使这种关系走到僵化的地步。相反，如果暗示语运用得好，则会使教学效果事半功倍，也会使老师与学生的关系更加和谐，从而使学生能够在轻松、积极的氛围中更好地学习。因此暗示语是否能设计好至关重要。

1. 以故事暗示

即讲述一个真实的或虚拟的，有连贯情节又具有感染力的故事来暗示。运用故事暗示，选择的故事要寓意明了，有针对性，能引起被暗示者的联想，要把握好暗示的时机才能较好地达到暗示的目的。

2. 以笑话暗示

用引人发笑的故事暗示，在笑声中使被批评者摆脱难堪保持自尊，愉快地接受批评。选择暗示的笑话要有教育意义，既是非分明又充满善意。由于暗示的对象是学生，因此笑话的选择更要有分寸感，不要选讽刺敌对面的笑话。

3. 以寓言暗示

寓言往往隐含着劝喻或讽刺，用暗示法给人以启迪和教育。暗示教育所选用的寓言往往只叙述故事，寓意留给听者体味。运用时注意寓言特点，寓言的故事情节是虚构的，寓意的表达方式大多是借此喻彼、借远喻近、借古喻今、借小喻大，有鲜明的哲理性和讽刺性。

4. 以赠言暗示

针对学生存在的问题，选择能启发暗示的名言、格言、警句等进行暗示。运用赠言暗示要注意时机的选择，适应对方的认识能力，赠言要简洁，语言富有哲理性，能引发学生思考。

5. 以反语暗示

中国古话说："将欲取之，必先予之。"太极拳理论讲究的是，"欲进先退、欲前先后"。在师生沟通中，教师有时为了更好地达到目的，口头说出的意思和自己的真实意图恰恰相反，却反而能成功。这就是反语的妙处所在。如班上有不少男生最近开始迷上了抽烟，深谙教育心理的教师知道这是许多男生在发育期间追求"成人化"的表现，横加指责只会造成师生对立的结果。因此，在一次班会上，教师并不点吸烟学生的名，只是说了这样一席话："今天我给大家讲讲吸烟的好处。"一句妙语开场，如石击水，反响鲜明。教师讲道："第一大好处是吸烟引起咳嗽，夜半尤剧，可以吓退小偷；第二大好处是咳嗽导致驼背，可以节省布料……"这种诙谐的反语暗示了吸烟的害处，使学生在笑声中感受和理解了教师的用意。在说服学生时，用反语来归谬，然后合乎逻辑地推出一个荒唐可笑的结论来，也很有效果。

6. 以沉默暗示

在师生沟通中，教师有意识地适当保持沉默，也是一种重要的语言技巧。在师生面对面的交谈中，如果学生注意力不集中，教师的沉默能起到一种提醒、集中学生注意力，迫使他们认真参与谈话的作用。在带有说服学生性质的谈话中，教师的适时沉默会体现出一种自信心和力量感，因为沉默能迫使对方说话，而缺乏自信、心虚的人往往害怕沉默，要靠喋喋不休的讲话来掩饰内心的忐忑不安。教师有意识的沉默也是一种有效的批评办法。沉默时表情要严肃、眼神要专注，使学生在沉静、严肃的气氛中感觉到教师的不满和责备，产生一种心理压力，并在自我反省中检查领悟自己的不足或过错，从而达到"无声胜有声"的效果。运用这种方式要把握时间的长短，要适可而止。当然，教师跟一些经常沟通的学生，如班干部等，沉默中传递眼神互相已达到了"心有灵犀一点通"的地步。因此，这种无需多言的沟通方式能大大提高师生沟通的效率。加拿大教育心理学家林格伦等曾在一部教育心理学著作中认为，许多教师都患有一种"唠叨病"，而越是资深的教师还越感觉不到这种病症。其主要症状是喜欢事无巨细、不分场合地指责

学生。因此，反省一下自己讲话的数量、质量的“效率比”，确实是教师一项经常该做的“思想体操”。

思考与感悟

在三年级音乐课上，我打开录音机。孩子们开始兴奋地“挥手挥脚 ”。这时，我看到坐在第一排的一个小女孩带着陶醉的表情，微闭着眼，随音乐尽情地挥舞着手臂。我很惊奇，因为两年来，她从未有过这样积极的表现。我示意她上来带大家做动作。当孩子们理解我的意图后，一阵骚乱，紧接着哄堂大笑。“老师，她是弱智，她数学才考 15 分！”“老师，她什么也不行的！”她在哄笑中呆呆地站着，既不敢上来也不敢坐下。

思考题：

1. 请用暗示语设计一下，怎样缓解尴尬的情节？
2. 说明你设计的理由，为何采用这种暗示语？

第四节　批评语的艺术

经典案例

有一个学生经常上课铃一响，才去上厕所，多次上课迟到，记得有一次，这个学生上课迟到了足足十五分钟而且是面带笑容走进教室。班主任当时非常生气，不由分说当着全班同学的面狠狠的批评了他。在被班主任批评的时候，他什么话也没说，只是低着头不停地掉眼泪。下课后，班主任被越想越觉得不对。因为根据一贯表现这名学生即使是犯了更大的错误，也决不会轻易掉眼泪。后来经过调查得知，原来是有一个一年级学生不小心拉裤子了，他是在厕所里帮助那名学生擦裤子上的屎，后来又到水房帮忙刷鞋，所以才回来晚了。得知事情原委后，班主任非常的后悔，考虑再三，班主任放下了教师的架子，当着全班同学向这个学生公开道歉。这次道歉不但没有让班主任丢面子，反而换来了学生的掌声，那个同学从那以后更是判若两人，各方面表现都非常的出色。

案例分析：

试想一下，如果这位教师事后没有深入调查，冤枉了他，那么这个学生很可能会自暴自弃，不再信任老师，后果不堪设想。我们在批评学生时最容易犯的错误就是没有把事情的来龙去脉调查清楚，而是根据孩子的一贯表现下定论，冤枉了学生却浑然不知。

教师批评的语言主要是对学生缺点和错误提出意见。批评也是教学过程中一个必不可少的方式，但长期以来不少教师受到传统的教育观念的影响，很多采用对学生简单粗暴的教育方法，或是教师根据学生平时的表现，当学生犯错误的，就“想当然”地给“定性了”，不但挫伤了学生的自尊心，影响学生学习的主动性和积极性，导致学生学习处于麻痹状态，缺乏兴趣，严重者还会出现厌学情绪。有的教师由于批评方式和手段的滞后，针对性和实效性不强，更容易导致师生关系紧张，而有的不公平批评造成师生之间的对立情绪，导致学生的逆反心理，反而使教学的质量下降，因此得当的批评会避免孩子走入歧途，失当的批评有可能让学生走入歧途，现代教师应该重视批评语的效应，要懂得批评也是教师语言表达的一门艺术。

一、批评语的特点

1. 典型性

教师批评学生时一定要抓典型，也就是不批评不可。如不及时批评会使其他学生仿而效之，所以教师要做到防患于未然，及时地对症下药。当学生犯了错误的时候，要想到教师的义务和责任，想到对象是学生，但进行批评教育一定要得法，

切忌简单粗暴，要循循善诱，以情动人，以理服人。

2. 多面性

学生的心态有一致性，但由于家庭、社会、交友等多方面的原因，学生心理也有很多差异，就一个学生而言，不同时期也可能心态不同。因此学生的思想、行为方面的问题都是个性的问题，小到上课不注意听讲，大到触犯法律，形形色色，多种多样。教师要有充分的精神准备，将心比心，用爱心耐心去教育感化学生，随时准备处理可能发生的各种情况。

3. 及时性

教师表扬学生需要及时，同样批评更需要及时，如课堂中出现不遵守纪律的学生并且干扰了其他学生正常听课，教师应该及时加以制止，否则这种行为会不断扩大，影响效果也随之增大，这时教师再使用批评与制止时，已为时晚矣。

二、批评语运用原则

1. 抓“要害”

教师批评学生时要抓住要害，只有较强的评语，学生才能得以重视，思想上才能受到教育，因此，教师在批评的同时一定要把握住要点，必须从具体的现象、事实出发，通过严密的选择分析，指出严重后果，让学生明白教师批评的正确性和必要性。

2. 求“真相”

教师用批评语时一定要弄清事实的真相，错误的批评会使学生受到委屈，因此教师一定要深入了解事实，调查情况，通过研究分析后对学生的思想行为做出实事求是的评价，给予公正合理的批评，对缺点和错误，既不能夸大，也不缩小，不但要明确指出错在什么地方，还要帮助找出改进方法，使学生在教师指导下改正自己的错误。

3. 要“尊重”

教师对学生的批评、管教、甚至惩戒，应是针对学生的行为，而不是学生的尊严。有一篇文章《尊严可以再捡起来吗？》写的是一个学生上课看课外书，教师当场把书撕成了碎片。事后教师找学生道歉，但学生不接受教师的道歉，反问道：“一个人的尊严失去了，可以再捡起来吗？你一句道歉就可以弥补对我的伤害吗？你根本就不配当我的老师！”从中可以看出在进行批评教育的时候一定要顾及学生的尊严，否则批评就起不到良好的教育效果。也就是说，批评学生的错误行为要让学生明白为什么会被批评，需要改进什么，而且又不伤害学生的自尊，这才是批评的目的。

4. 重“策略”

教师批评学生，要讲究策略。首先，要把握好时间，最好不要在学生刚犯错误之后，因为这时双方的情绪容易激动，控制不住就容易发生顶撞。可在情绪稳定之后，或稍隔一段时间进行。其次，批评的场合也要注意，应尽量避免在人多的场合。有的教师喜欢把学生叫到办公室，在众多的教师注视下进行批评，结果造成学生思想紧张，达不到预期效果。

另外，教师的批评方式要灵活多变，切不可千篇一律。对于那些性格开朗，易于接受批评意见的学生，可直接指出他们存在的缺点；对于那些“吃软不吃硬”或性格倔强的学生，教师要力求心平气和地和他们谈话，并且要避免顶撞；而对于那些“吃硬不吃软”或轻率的学生，就不能过于迁就或温和，批评可以言辞严厉，但不能辱骂训斥，讽刺挖苦，以免伤害其自尊心。

最后，教师批评应有启发诱导作用。如在对学生进行教育性谈话时，语言应委婉得体，亲切中肯，富有感染力、启发性，或者是触动学生的心灵，使他们群情激奋。批评要将心比心，如教师与学生实行“心理位置互换”，假如自己处在受批评学生那种境遇和心理状态，将会如何想？如何做？这样推己及人，将心比心，就能使自己的批评热情而诚恳，更具针对性和接受性，受批评的学生感到教师的温暖，从而不存在戒心和敌意，这就为接受批评提供了最佳的心理状态。

三、批评语运用技巧

批评是教师在教育学生的过程中经常使用的教育手段，批评的语言影响批评的效果。教师要想使批评达到预期的目的，就应十分注意批评的语言艺术，不能把学生批评得一无是处，要加一些肯定，在黄连中适当的加一些糖分。让学生既认识到自己的错误，又增添改正错误的勇气，这就需要语言的运用技巧。

1. 语言要把握好尺度，适可而止

教育实践告诉我们，教师的批评应该把握尺度，掌握分寸，做到适可而止。教师不能使学生过分的羞愧和无地自容。要尊重学生的人格尊严，教师语言要文明、亲切、感人，要经常换位思考，要切忌用“傻瓜、笨蛋，榆木脑袋”等等这样的词语。不威胁和恫吓学生。教师应该耐心细致地做说服教育工作，把话说到学生心里去，靠教师贴心的话打动学生，而不是用威胁和恫吓对学生施加心理压力的办法逼学生就范。尽量要旁敲侧击，把话说到有用处。

2. 语言中要带着情

教育不能没有感情、没有爱。在教育过程中，师生间的情感交流是教育活动的催化剂。教师的语言有可能影响孩子一生，因此，教师的批评语言一定要让学生体会到教师真挚的情怀和情感的力量。班主任所说的话，自始至终都体现出对学生的真心实意的关心和爱护。班主任尽量不用责问、命令教师和呵斥的口气批评学生。

3. 语言要意味深长，发人深思

言而不尽，就是要求教师的批评语言要收到言已尽而意无穷的效果。教师的批评语言应能启发学生思考和反省。高明的教师总是善于用富有情感的语言去感化、去塑造学生，努力使学生不断地自我反省、自我认识和自我评价，最后达到自我完善的目的。

4. 语言要水火交加，刚柔并济

“刚”，即教师对待学生严肃批评和严格要求。“柔”，即教师对学生晓之以理，动之以情，表现出似水柔情。教师的批评语言要刚中见柔，柔中有刚，刚柔巧妙结合。由此，教师一方面要实事求是地指出学生存在的问题，晓以利害，提出要求，限期改正；同时，也要耐心地做说服教育工作，让学生思想上、心理上和情感上接受班主任的批评。

总之，教师语言要善于传情，平时要细心观察学生的学习、情绪、身体、表现；要多与学生交流、谈心，了解他们的喜怒哀乐、爱好兴趣；分析孩子思想动态；要关注学生点滴的进步，及时鼓励、表扬；要有教育心得，多记录、多总结，积累经验……这样对学生各方面情况均了然于心，才能因材施教，有的放矢，才能充分发挥教师语言的真正魅力。

四、批评语设计的方法

批评应用在教学中是最普遍的，但又是最容易产生反面的效果的，那么，为什么老师习惯于用这样一种方式呢？教师都喜欢优秀的学生，这是人之常情，对他们能不批评就不批评，对他们是越看越喜爱。而对那些后进生本来就不太喜欢，而且这些后进生常常做一些错事和坏事，这就让教师忘记了自己的职责，批评时只顾发泄自己的不满，埋怨指责甚至羞辱学生，这样就会引起后进生的不满，且做出自卫反抗的事，使批评失去意义了。态度傲慢，盛气凌人的家长式批评。有些教师认为教师就是“父”学生就是“子”，把家庭式教育摆在面前第一位，把“凶”作为批评的法宝。对犯错误的学生态度粗暴，大声训斥，施行强制性政策；殊不知压而不服，压得越凶，反抗也就越大，如此一来叛逆行为做得越多，批评的效果也就越差。不知所云，茫茫失措，总觉“这不是批评我，我没有犯错，老师是批评别的同学”，这样难免要产生无论学生如何努力都不能达到教师满意的效果，反而对教师的批评置之不理。以偏概全式，不分场合的随意批评。每个学生都有自己的优点。即使是最差的学生也有可取之处。然而教师常常忽视这一点，抹杀学生的所有优点，这样的批评，学生往往觉得很难接受，而且每个人都有自尊心，谁也不愿意别人公开批评自己的不足。如果教师全然不顾环境是否合适，就随即

发“炮”，那么受到学生的抵触、反感也就毫不奇怪了。例如，有一位学生拿了同学的钱，事后感到内疚，本想向教师承认。但是教师却在班会上说，班上 xx 有三只手。从此这个学生感到没脸见同学，产生逆反心理，课堂上教师提问，他回答问题，故意怪声怪气，油腔滑调，惹教师生气，故意与教师顶牛。批评是教师经常使用的思想教育手段。它能使学生不良的行为习惯受到谴责，能帮助学生消除思想作风上的污垢。但批评不当，也往往产生不良后果。由此我们可以看出，批评也是一门艺术，甚至比其他的语言更需要技巧，我们来看看几种应该学习的方式：

1. 旁敲侧击

在批评某种错误的认识、看法、做法时，在批评某种不良的习惯、嗜好、风气时，不直言其事，而是借助于寓言故事、历史典故、轶闻传说来讽喻说理；或借助于批评类似现象，引起学生的联想、比照；或讲个小笑话，启发学生去思考，这种批评方式可称作旁敲侧击。

2. 寓庄于谐

德国著名演讲家海茵兹 · 雷曼麦说：“用幽默的方式说出严肃的真理，比直截了当地提出更能为人接受。”批评学生也是如此，板着面孔说教，很多时候效果并不理想。用幽默的方式批评学生，能使问题点而不破，很容易被学生接受，有利于问题的解决。

3. 以退为进

对于某些学生的偶尔犯错，老师退一步，给他一个自我反省、自我教育的机会，让他感受到老师对他的信任，这对他是一种鼓舞、一种力量，所产生的效果往往比老师大声训斥、严厉批评要好得多。

4. 欲抑先扬

当老师发现某个学生的缺点时，老师批评教育的方式和态度会直接影响到教育的效果。有时我们会发现某些成绩好的学生不关心集体、比较自私或骄傲自大，不尊重老师、同学，心胸狭窄等等。面对学生这样的缺点，教师找学生谈话时开门见山指出缺点，让学生认识这样的缺点有什么不好时，学生却不以为然，他们觉得自己既没影响老师的教学，又没影响班集体，更没有违反校规校纪，老师似乎多管闲事。但这些缺点对于学生的健康成长、对于将来是很不利的。教师有责任帮助学生克服这些缺点。面对这种情况，教师可采取先扬后抑的办法。批评之前，先对学生各方面的优点充分肯定，让学生有一个愉快的心境，再提出学生在某方面存在的不足，让他知道若能改正自己的不足或缺点，他就会成为一个更好的学生，更受大家欢迎、尊敬的人，这样很好。这样一来，学生认为老师并不是讨厌他的缺点，而是为了他好，为了他的成长，他会从内心接受批评教育。利用先扬后抑的批评方式时老师要有耐心，循循善诱，让学生真正认识到他的缺点对自己和别人的危害。从而自觉地、积极地去克服、改正缺点。

5. 故意沉默

在批评学生的过程中，教师有意识地保持沉默，有时也是一种很好的批评方式。在老师的沉默中，学生感觉到了老师的不满和责备，产生了一种心理压力，并在自我反省中领悟自己的不足或过错，从而收到“此时无声胜有声”的效果。

6. 正话反说

在批评学生时，有时为了更好地达到目的，故意正话反说，反而更能成功，这就是反语的妙处。一番诙谐的反语暗示了犯错的害处，使学生在笑声中感受和理解了老师的用意。

7. 以鼓励代批评

对一些心理承受能力较差的学生，一般宜通过鼓励达到批评的目的。使他们从鼓励中发现自己的不足，看到希望，增强信心。

8. 合纵连横

在班级中，经常采用指名道姓表扬一些同学好的事例，在班级中树立发扬正气。在表扬中给学生树立了榜样，强化了学生的是非观念，也让学生清醒地意识到：有悖于集体利益的思想行为在集体中没有市场，会受到斥责。这样，一些行为习惯差的学生自然而然地在集体教育中受到感染、熏陶，由过去被动受教育逐渐变为自我教育或自觉教育。

思考与感悟

两个孩子和两个老师

相同的是，两个孩子都是上小学六年级，都偷拿了同学的10元钱，不同的是他们遇到的是两个不同的老师和两种不同的处理方式。

陕西省华阴市黄河工程机械厂子弟学校的小学生王某，他的班主任兼语文老师崔某把他带到办公室，当着另外两个同学的面，将他的头按到墙上，残忍地用锥子在他的右面颊上刺了个“贱”字，以示“训诫”。事发后，王某爷爷到当地派出所报了案，这位给孩子脸上刺字的老师被派出所拘留。

(1999年9月21日，9月23日《北京青年报》)

而另外一个孩子就幸运多了，当北京市光明小学的王老师知道自己的学生中有人偷拿了同学的钱后，她来到班上，不慌不忙地说：“我知道钱是怎么丢的了，是讲台拿了这10元钱！”孩子们惊愕地瞪大了眼睛，王老师笑眯眯地说：“咱们全班每个同学都走过来对讲台说一句话，提醒它改正缺点，好吗？”聪明的孩子们立刻明白了老师的意思，有的说：“讲台呀，拿别人的东西是不对的，我们应当从小养成良好的品质。”有的说：“我相信你是一时糊涂，可改正后就是好孩子！”王老师最后总结说：“大家讲得很好！讲台已经知道自己不对了，相信明天它一定会把钱放回原处！”第二天，丢钱的孩子果然在书包里发现了那10元钱。王老师开心极了，激动而高兴地说：“直到今天，我也不知道是谁拿了钱，可这有什么关系呢？改了就行了。这件事肯定让这孩子记一辈子。”

(1999年7月12日《中国青年报》)

思考题：

1. 面对学生犯错误，教师应该怎样调整好自己的心态？
2. 教师是怎样把批评巧妙转换成表扬的？

第五节 语言沟通的艺术

经典案例

我们班的小玲同学，是个性格内向的小女孩。平时不爱说话，在课堂上更是很少发言。有一回英语课上，我让同学们用“How many … can you see? I can see ….”句型练习口头造句，同学们纷纷举手争着发言。忽然，我惊讶地发现小玲的手居然也举得高高的，小眼睛瞪得大大的，好像在对我说：“刘老师，请我！”望着这位平时很少发言的小女孩，我决定给她一个发言的机会。

于是，我对同学们说：“小玲很积极，现在我们请她好吗？”同学们听了，都放下了手。我问她：“How many monkeys can you see?”小玲站起来响亮地回答：“see three monkey.”“错了，错了！”同学们禁不住喊了起来。小源站起来说：“小玲讲错了，句子中缺少了‘谁’，monkey 要用复数。”小玲顿时呆住了，红着脸低下了头。这时候，同学们却情绪高涨，齐声说：“I can see three monkeys.”我发现：同学们讲得越起劲，小玲的头越低，都快要哭了。看到这一情景，我想：她是一个自尊心很强的女孩子，这一回好不容易克服了胆怯心理，举起了手争取发言。作为老师，我不能再伤她的自尊心，我得尊重她，让她体验到自己是值得肯定的。于是，我示意同学们安静下来：“老师首先要表扬小玲，因为她勇敢地战胜了自己的胆小心理，主动举手发言。我觉得战胜自己就是最大的进步。刚才造的句子缺少了主语，没用复数，我想这并不是她不会，而是由于紧张和激动。每个人在紧张和激动的时候，都会说错话，是不是？”同学们异口同声地说：“是！”我看见小玲慢慢地抬起了头，眼睛望向了我。这时候，我用亲切的语气问她：“How many teachers can you see?”她站起来大声地说：“I can see one teacher in the classroom.”我连忙表扬她：“说得好，大家掌声表扬她。”顿时，教室里响起了一阵热烈的掌声。小玲笑眯眯地坐了下来。下课铃响了，同学们走出教室去玩耍，只有小玲走到讲台前，一边帮我收生词卡片，一边笑着问我：“老师，下节课还上英语吗？我还想发言。”我笑着对她说:“不管上什么课，你都可以大胆发言，我相信你一定会表现得很好。”

她使劲儿向我点头。看到她笑了，我也笑了，为保护了一个孩子的学习兴趣，也为师生之间的心理沟通，还为赢得了一颗爱心而欢笑。从那以后，小玲越来越喜欢英语课了。同学们说，她现在不仅在英语课上能积极发言，其他课堂上也是如此，即使在公开课上，她也能大胆举手，连成绩都比原来进步了很多，大家都说小玲进步大。

（节选互联网）

案例分析：

作为教师，一定要善于经常与学生进行心灵沟通。这样，学生才能跟老师心贴心，所谓“亲其师信其道”。当孩子喜欢上老师的时候，就会以更好的精神状态投入到学习和生活中去。另外，教师要关注沟通者之间的心理背景，尤其是沟通者之间心理交往中的人与人之间的吸引。科学地应用人际交往中的一些心理效应，如首因效应、近因效应、晕轮效应、刻板效应、定势效应、投射效应等。 教师要十分重视自身健全人格的建构，十分重视自我教育，因为沟通者之间沟通的行为表现是一个人内在世界的一种外部展示。

一、传统师生沟通存在的问题

1. 根深蒂固的师道尊严观

我们的传统文化里根深蒂固地存在着“师道尊严”的观念，并潜移默化地影响着教师的行为。使许多教师为了树立自己的尊严，很少面露微笑，常常板起脸来进行说教。有的教师板着一张铁青色的脸，不苟言笑，如一片浓重的乌云，压得人喘不过气来。也许在这样的课上，学生都不敢做小动作或打瞌睡，但总是被压迫或恐吓到，心里十分疲惫困乏。久而久之教师的言语会演变成冷言冷语，在冷漠的语言中透露的支配、冷漠与贬低的态度可能对学生产生心理阴影，总是怀疑自我，否定自我。教育是爱的事业，现代的教师，要从关爱与尊重出发，平等、宽容地对待每一个学生。雨果曾说："笑就是阳光，它能消除人们脸上的冬色。"在与学生交往中，教师应以微笑面对学生，因为微笑会对学生产生很大的感染力，能赢得满堂春风，又有利于学生健康人格的形成。

2. 重视含蓄情感观

我们的传统文化中，以含蓄为美，这深深地影响传统师生之间的沟通，传统教师即使非常肯定自己的学生，也轻易不表达。一个呈现出没有感情的老师，或说感情淡漠的教师，无论其他方面多么优秀，学生也必然是被动、毫无兴趣地学习，一个教师的温柔眼神、亲切动作之中隐藏的关爱，可能令学生一生感动、欣慰。教师可在课堂讲解中融入幽默，在不经意的注视中给予学生自信，在传授知识的同时给予学生激发，在批评中给予学生鼓励，因为学生往往会因为喜欢一个老师而爱上这门功课。而要让学生喜欢你，就要学会赏识学生、肯定学生，不断点燃学生身上自信的火花，让学生对学习产生兴趣，受学生喜爱。教师应通过自身的一言一行感染、打动你的学生。真正善良、有智慧的老师不仅能把课讲好，还要懂得情商的运用，要舍得释放你的爱心。

3. 推崇严师出高徒观

"严师出高徒"，私底下认为这其实很正确。也许现在越来越多的人都认为这不可取，其实这里的"严"是严格之意，而非严厉。老师对学生严格要求正是出于对学生的爱，学生对"严格"表示理解与接受，但一定不愿面对一个因为苛求严厉而老是板着脸的老师。"严师"在我看来并非绝对指严格，并非是板着一张"臭"脸。所谓的严师应该是对他所教的内容，即对学术上的问题持严格的态度。在这方面，不仅自己要严肃对待，还要求同学们对自己所学的内容严肃对待。严师出高徒应该针对不同的学生，有些学生是适合严师的，他们需要严师对他们的言行举止进行约束。然而有些学生叛逆性很强，遇到严师很可能适得其反。此外，在学生所处的不同阶段，也应该有所区别。在新时代，老师的态度应该是中庸的，严中有温，温中有严，追求严厉与温和的最准分割点。这时，严厉足以维护秩序，而不伤害独立性，温和足以酿造创新而不失纪律。老师总是微笑，学生会觉得你

太温和，久而久之则不听号令；总是阴着脸，学生会害怕你的严肃，远远躲着你。老师确实需要有一张演员的脸，该微笑时微笑，该沉脸时沉脸，该严而有度时一本正经。

与学生谈心既是师生实施心理沟通的有效途径，也是通过教化加速学生社会化进程的必由之路，因此，与学生怎样谈心体现了班主任和所有德育工作者的基本功。在大力倡导素质教育、弘扬学生个性的今天，师生更需要沟通。通过沟通，求同存异，有利于增进师生互相理解，取得学生的支持和配合；有利于增强教师的亲和力、凝聚力、向心力；有利于师生间良好人际关系的构建；有利于促进学生身心健康发展。

二、语言沟通的原则

在传统的学校教育中，教师与学生的关系是传授与接受的关系，很难形成互动、合作的氛围。现代教育理念要求在学校教育中确立新型师生关系。教师是成年人，孩子是未成年人，老师的控制和调整能力应该强于学生，所以我们要有原则地迎合学生，全面评价学生，真心地爱学生，用老师的真爱促进学生转变，让每一个学生都能愉快地学习，健康地成长。

1. 充分倾注爱心原则

当前的中学生大多是独生子女，在家中是“少爷”和“小姐”，是长辈的“掌上明珠”，他们被娇宠惯了，他们固执、任性，娇气十足……面对这一阶段的学生，老师要和他们进行沟通，不要想学生改变心态迎合我们，而是我们应该改变心态迎合学生，爱学生所爱，想学生所想，急学生所急，这是老师和学生进行沟通的前提。充分倾注爱心面对现代教育理念引导者和实施者的教师来说，与学生心灵沟通的首要条件就是给学生以发自内心的真挚的爱，才能真正地了解学生，也才能爱学生所爱、想学生所想、急学生所急，把学生的忧虑当自己的忧虑。一旦当学生感悟到老师真诚地热爱他时，就会激起他心灵的火花，把教师当作最可信赖的人，并毫无保留地将心灵的大门向老师敞开，告诉你在他幼小的内心深处的秘密。

2. 充分给予帮助，贯彻疏导原则

帮助学生思想上的进步，就要做到晓之以理，动之以情，持之以恒，导之以行，以利于学生思想品德的形式和健康发展。例如我班上有一位男同学的学习和纪律都很差，与许多任课老师的关系都很僵，但他的乒乓球却打得很好。有一次，老师发现他正在打乒乓球，就走过去与他对练起来。在乒乓球上下翻飞时，师生对话也展开了："你有不少的缺点，但也有优点。你的体育就很好，三好已经占了一好了，只要你努力，一定也会成为一个好学生。"这个学生从未曾想到自己能和"三好"沾边。我的几句鼓励的话温暖了他的心，竟成了他进步的起点。教师要充分了解学生的心理特点，帮助他们消除心理障碍。这就要对学生的心理状态做具体的分析，掌握学生思想"疙瘩"的来龙去脉，有的放矢地进行疏导，从而促进学生心理的正向发展。尽量给予学生生活上的帮助，也会让他们感到温暖，铭记于心的，特别是对家庭经济有一定困难的学生更是如此。

3. 推崇对话理解的新型师生关系原则

充分展现民主教育理念，要求教师与学生不再是学校教育中的施教者与受教者，宜倡导建立一种平等合作，对话理解的新型师生关系，师生应处在同一起跑线上。在师生之间的互动中，教师会得到很多启发。"教学相长"，"教，然后知不足"确是"民主性的精华"。在实施的现代教育理念面前，我们必须得接受"长江后浪推前浪"的现实现代教育理念要求在学校教育中确立新型的师生关系，构建融洽、和谐的学习氛围，教师和学生之间的相互沟通和交流就成为学校教育的核心要素，不能有丝毫的忽略。

4. 因"人"而"教"原则

从心理学的角度分析，人的气质类型是先天的，由神经系统的类型决定的，性格是在气质的基础上受后天环境的影响发展而来。从某种意义上讲，气质是不容易改变的，但性格是可以塑造的。可能老师的气质类型和很多学生不同，形成的性格特点也有很大差别，在这种情况下，教师首先要清醒地意识到这种差异，尊重这种差异，而不要用道德的观点去标示，或者让他们大人化。其次，教师应

该掌握各种策略，对不同的学生的管理使用不同的策略。通过自己的策略变化去适应学生，从而引导学生的发展。不是只用学习活动或学校活动的记录来要求学生，而是要通过组织学生的活动，在活动中了解学生个性，摸清底细，因势利导，对症下药。即使学生蛮横无理，语言粗鲁，教师也要沉得住气去耐心、机智而又诚恳地与其交谈，晓之以理，动之以情，让他们感受到老师的可敬、可爱。

尤其是遇到一个新的群体，教师首先要判断对象的特征，然后给自己的领导风格定位，同时注意："要改变环境，首先要改变自己"。现在的学生大多都活泼好动，不遵守纪律，这样的学生喜欢玩，特别是有创意的玩，喜欢大气甚至有点"哥们义气"的师生关系，喜欢有才气的"大姐姐"，喜欢竞争和表现。老师应当向适应这种特点的方向上转变，在教学的具体活动设计和问题处理时，要像关心自己的孩子一样关心他们的学习、生活，学生就会把当作最可信赖的人并毫无保留地将自己的心扉向敞开，才能了解他们内心深处的秘密。正所谓，知己知彼才能百战百胜。

5. 充分肯定，赏识教育原则

充分肯定、全面评价是沟通的润滑剂。在教育学生的过程中，我们要相信他们有成长的能量，而且他们也希望健康成长，只不过或许还没有找到一个合适的成长方式，这时候需要我们的引导，而不是老盯着他们的错误，老盯着他们的问题，让他们觉得不如别人。大家都一定注意到：经常表扬某个同学，会引起很多同学的不满；常批评某人的不是，会更激起他的反感。例如有的同学表面上没什么反应，实际上经常会表现出种种不服："凭什么你说我不如他！我有比他强的地方你为什么看不到！"他认为"你对我的评价是不全面的，不完整的"。他会怀疑老师有偏心，他要把完整的全面的自我展现给大家看，可他又不知道怎样去展现，所以就出现了更激烈的冲撞。面对这种情况教师有必要做一次家访，在家长的配合下，再通过与学生足膝谈心，亲切交谈，教师要有意流露出对他很多长处的认同与赞许，同时鼓励他充分发挥自己的优势。接着用亲切的目光看着他说："我喜欢你率真的性格，但以后切忌轻举妄动呀！"这种直接交流的方式，不仅调节了师生关系，而且促进了学生健康心理的形成，从而使师生之间产生了信任感，沟通就能进入良好的循环。如果教师能善于发现并及时表扬这部分学生的闪光点，然后在表扬的基础上指出他的不足，学生就会欣然接受。所以，充分肯定学生的优点，全面评价一个学生，就一定会使我们与学生的沟通更加便利。

6. 以柔为主，柔刚相济原则

“以柔为主，柔刚相济”是沟通的制胜法宝。教师面对的是一个群体，群体管理最忌讳与多数人为敌，这样自己就变成孤家寡人。即使在问题成堆的情况下，老师也不要伤众，要真心爱自己的学生，细致做好工作，从感情上让学生们感到：老师喜欢自己、关心自己，承认自己的优点，这样多数学生就不会与老师为难。有了这个基础，教师就能集中精力来管教比较严重违反纪律的少数学生了。教育这些人，也要讲究方法，刚开始教师也不必和他们刻意计较，更要显示自己的公平大度，更要特别关注他们，哪怕他们曾经对自己有过伤害，也一定要不计前嫌。如果能在他们置身迷途时及时给予指点；在他们失群孤独时及时给予关心，送去一份温暖；在他们鲁莽犯错误时给予语重心长，慈母般的劝慰，这个时候哪怕只有几分钟，几句话就会产生巨大的心理感应，引起强大的感情效应，收到“浪子回头金不换”的效果。如果还是屡教不改，那就必须取得家长支持，并在事前做好骨干工作的基础上，态度坚决地“执行纪律”。“以柔为主，柔刚相济”的教育风格应当成为稳定的特征，定能使学生信服。记得开学初我班调皮的学生特别多，很难管理，后来我发现有一个同学在这些调皮的人中很有影响力，他成绩特别优秀，但非常霸道，上网、打架、拉帮结派等坏事总离不开他。于是，我有意亲近他，并很诚恳地告诉他：我愿意竭尽全力帮助他，使之成为一个各方面非常优秀的学生。且委以重任，让他当了班干部，他也很努力，进步很大。我常用他的进步教育其他人，他很高兴，我也很满意。后来有一次，他失控打了同学一巴掌，我对他进行了严肃的批评，并私下与他进行了长时间推心置腹的谈话，告诉他说：“老师好不容易为你树立个好形象，可能被你的一巴掌给毁了。”他说他好后悔，恳求我给他机会。后来他诚恳地向那个同学道了歉，并在班上做了深刻的检讨。正因为我有原则地

迎合学生，真心爱自己的学生，所以一个霸道的人被我驯服得服服帖帖。

三、语言沟通技巧

1. 要善待学生，不“居高临下”

在以选择为标志的当今社会，在以发展为宗旨的素质教育中，师生在人格地位上是平等的，教师只是学生的引路人、导航者，与学生的谈心应是一种交心。因此，教师要通过谈心的方式走进学生的心灵，教师必须去除自身的师道尊严，与学生换位思考，为学生设身处地地着想，来增强学生的亲和动机，弱化自我意识对外界教育影响的“过滤”功能，学生就会敞开心灵，如饥似渴地接受教师的教诲。教师也才能真正了解其内心世界，及时准确地采取适合于教育的良方秘诀。

2. 要动“真”，不“空洞说教”

学生是活生生的情感丰富的人，与学生谈心必须动真情讲真话。真情是无价的，也是遵循等价交换原则的，教师应用真情，感染学生，一句温馨的话语，一束关注的目光，往往能拨动学生的心弦，使学生走出既定的生活圈子，摆脱因烦躁带来的不良情绪。空洞的说教只能使学生反感。因此，教师应从学生生活中的小事去理解、关心学生，促使学生感情涌动，使其从内心勃发出强劲的驱动力，真心实意地通过自身的努力满足教师的期待，这样，对于教师的教育要求，学生不但易于接受，而且乐于行动。

3. 要有耐心，不“一锤定音”

中专学生一般正进入心理自我时期，他们往往总是按自我意识去理解、认识客观世界，因此，与学生谈心时，不能一锤定音。三言两语的训斥，不可能使学生在态度上产生认同，更不能使学生在自我意识上达到“同化”。“一锤定音”相反会使学生萌生逆反心理，耐心地教育、和风细雨地开导，能激发学生的内在需要，促成其产生道德行为的动机，并能达到使其动机转化为行为的目的。

4. 要捕捉时机，不“急于求成”

捕捉与学生谈心的时机，既是教师的策略，也是教师的智慧。有自控能力的学生一旦犯错，常常会引起内心的自责，立刻找其谈心点破，可能使其失去自信；性情孤独的学生一旦犯错，总希望他人谅解，教师的严肃批评往往会伤害其自尊；性格倔强的学生一旦犯错，教师找其谈心，往往总是情绪偏激，不是强词夺理，就是避重就轻，反而会形成敌对心理。因此，与学生谈心，必须看其“火候”，不必操之过急，采取“冷处理”或积极的暗示，将更有利于学生的转化。

5. 要善于倾听，不“自以为是”

多愁善感的学生，常常心情郁闷、闷闷不乐，因为在他们的心中总有一个难以启齿的小秘密，或者在生活中遇到不顺心的事，总想一吐为快。因此，教师与其谈心时，应先静静地听其诉说，使他心情感觉舒畅。如果教师自以为是地随便说三道四，甚至捕风捉影，主观武断地横加训斥，则会无形中拉开师生之间的差距，教师应在静心倾听的基础上，加以综合分析，找出其心理问题的所在，再为其指点迷津，让其从郁闷的情绪中走出来，摆脱烦恼。这样做有利于学生健康心理的形成。

6. 要正面激励，不求全责备

学生是人不是神，学生在学习、生活中犯错是无可厚非的。教师不能以统一的规范去要求学生，统一规格只能塑造庸才。教师应尊重学生个性，并激励其张扬个性，通过与学生交流，让学生在“扬善救失”中积极面对问题，寻找对策，自觉加强自我调控。

7. 要以德感人，不“以势压人”

教师为人师表，重点体现于关爱学生，与学生实现心贴心的交流，教师理智地用自己切身成长的经历去感染学生，可以使学生在改正错误时充满自信，更能赢得学生的信赖和尊重，使学生获得听得进、记得住的神奇效果。相反，如果教师以势压人，只能使学生产生逆反心理，其结果只会适得其反。

思考与感悟

小华学习不好，调皮捣蛋，连父母都对他无计可施。新任班主任王老师接班后，也发现他经常旷课，几次找他谈话，他却一言不发，王老师便深入了解小华各方面的表现，并与原班主任联系，找他身上的闪光点。

一天晚上王老师又一次来到小华家家访，他一不讲大道理，二不谈学习，而是和小华谈到他有爬高放风筝的本领，并问他在屋顶上走路怕不怕。这时小华没有表情的脸上的小眼睛忽地转起来。王老师又说，他小时候喜欢放风筝，但从来不敢爬高。这时小华有兴趣地介绍起经验来。此时，师生的情感拉近了。老师说："你如果不旷课、遵守纪律不就成为更好的他了吗？"老师对孩子的缺点批评不重，但却使小华难为情，他立即向老师表态，今后一定改正错误。

思考题：

1. 教师用什么样的语言技巧使学生听话了呢？

2. 面对淘气的学生，教师应该怎样进行说服教育？

第六章　无声胜有声：教师的体态语言艺术

教师的体态语言从广义上讲是一种教具、一种媒介，是一种无声的形象语言。既具有舞蹈语言的抽象性，又具有生活体态语言的通俗性。课堂体态语言吸收了各种富有价值体态语言的精华，内涵极为丰富，表现力极强，具有十分诱人的魅力。富有节奏感的课堂体态语言是一种美、一种艺术，以其特有的美感熏陶和感染着学生，显示其良好的课堂控制和调节功能。

经典案例

秘密的交易

一次上课，教师随机点名找学生读课文，王晓明被教师点到后，结结巴巴地开始读，教师心中正疑惑这么简单的文章为何读得这么不顺畅，难道口吃？刚想到这儿，就听到王晓明念着："说说……"班里一阵哄笑，大家嚷嚷道："老师，他结巴，他口吃，他……"再看王晓明，脸已经变色，教师知道事态严重了，意识到必须制止，否则会伤了孩子，于是，教师目光环视一周，在把眼光集中停在笑声比较大的学生身上，学生收到教师严肃的目光后，不再出声，笑声也渐渐平息了，接着教师慢慢地走到王晓明身边，拍拍他的肩示意他坐下，什么也没说，接着往下讲课。下课后，教师单独找王晓明谈，王晓明无精打采，教师尽量用轻松的语气说："凡事都是开头难，下次你在家好好练，咱们约定下，如果你练得好点，当老师提问时，你可以用手摸下嘴，老师就让你读，多练几次就不会紧张了，老师相信你肯定行。""能吗？"王晓明有些动容。"能！"我肯定地说，眼神非常坚定地注视着他，他狠狠地点了点头，就这样在教师们这样的秘密交易下，王晓明的口吃毛病渐渐改了，也恢复了自信，脸上也露出了笑容。

案例分析:

案例中，当老师发觉王晓明有口吃的毛病，并受到同学嘲讽时，老师没有用语言制止，而是用眼神震慑其他学生，并亲自走到王晓明身边，拍拍他的肩让他坐下，用身体语言安慰他，并让他感受到老师是站在他身边的。老师想通身体语言把负面效果降到最低，虽然美丽的课堂语言是教师与学生交流的重要工具，而恰到好处的体态语言，会给课堂教学带来良好的效果。教学不仅是一门科学，而且是一门艺术。课堂讲演语言是教师传授知识的主要方式，是衡量一个教师教学水平高低的重要标准，它历来备受广大教师的重视。优秀的教师为使自已的课堂讲演语言更充满生命活力，非常善于借助于体态语言巧妙地表达授课内容和思想感情，以深化课堂教学的主题。使课堂教学更生动、更完美、更富有艺术感染力。心理学家研究发现：人类接受的信息总量中，有 83 %从视觉获得，只有 11 %从听觉获得。视觉接受的信息不仅比例很高，而且内容颇为丰富，视觉当之无愧地成为接受信息的主要渠道。

因此，优秀的教师十分重视体态语言的运用，把体态语言看成是有声语言的润滑剂和调味品。教师的体态语言根据位置和功能的不同可以概要地划分为手势、头势等，各部分的功能和作用各不相同，但又相互联系、相互协作，结合成有机完整的形象教学表达系统。

第一节　手势语的艺术

手势语，即用手、腕、臂的活动来表达信息。在整个体态语言中，手势语是最基本、最重要的，所以这节我们主要讨论手势语的运用。法国社会学家路先·列维·布留尔指出："手与脑是这样密切联系的，以至于实际构成了脑的一部分。文明的进步是由脑对于手，以及反过来手对于脑的相互影响而引起的。"的确是这样，我们的语言是由大脑支配的，而手势几乎能够表达所有的语言，聋人用手势语交谈就是最好的例证，而且它可以起到语言起不到的交际作用。比如不懂外国语的人可以用手势表示他的用意。在课堂上，手势的主要功能有：象征性、会意性、指示性、强调性、描述性和评价性。在体态语言中，手势活动范围广泛，定位准确，表意确定，内涵极为丰富。与有声语言相随相伴，同步进行。手势运用得恰当得体，与有声语言合成立体表达系统，能显著增强教学的感召力，有利于学生对知识要点的理解和记忆。每一种手势都有其特定的含义，教师在课堂上运用必须是定位准确、表意通俗；如果手势运用不当，不仅收不到预期的效果，甚至会适得其反。直指学生的手势有失尊重，将手插入口袋显得有些随便，手撑讲桌无疑有点粗俗，过多的手势会使学生无从理解而产生误导，单调的手势会使学生感到乏味和厌倦。

一、手势语的作用

1. 可以用手势语做比喻

在讲述知识时，可以通过手势做比喻，使我们讲述的事物更明确、更形象，便于同学们的理解。比如我们在讲相对运动时，可以用两个拳头表示两个物体，来描述它们之间的运动和静止；在讲述卫星绕着地球旋转时，可以用一个拳头表示地球，另一个拳头表示卫星绕地球旋转；再如可用手演示匀速运动，变速运动、长度、高度；在讲力时，可用手表示提、拉、推、压等动作。所以，我们应当重视加强对手势语的研究和运用。

2. 手势语可增加语言的表现力

手势语可以使语言更生动、形象、富于表现力。如果说语言是红花，那么手势就是绿叶。例如在戏剧、电影以及各种讲演中，讲演人总是以手势助语言，为讲演烘托气氛，增加感染力。试想，一个被捆绑住双手的人进行讲演，那将是怎样的一副场面。在教学中，语言要有抑扬顿挫，动作也应该有轻重缓急。丰富的手势语可以激发学生的兴趣，吸引学生的注意力，增强教学效果。

在手势语中表示兴奋和激昂的情绪，手势位置总是向上、快速；表示低沉、

气愤的情绪时，手势的位置总是向下；表示坦率、直接的信息时，最好让对方看清手掌，表示隐蔽和被动时则用手背；双手摊开，手掌向上表示欢迎和公开；双手握拳放在胸前则表示防卫和敌意，双手叉腰，挺胸抬头表示傲慢和自负……

3. 手势可以代替语言

在课堂上，手势语有时可以代替语言的作用。比如在组织教学时，它可以起到不言而喻的作用。当教师走进教室时，学生站起表示对老师的问候和尊重，老师点头敬礼表示对同学的回敬，双手手掌向下按，表示让同学们坐下等等。这些动作使师生互相交流感情并起到严肃课堂纪律的作用。

在教学过程中同学们讨论完毕时，教师可用双手下按表示停止；同学回答问题不对时，教师可用单手左右挥动表示不对；让同学到前边来时，可用单手指示应到的地点；让某学生起立时，可用手掌向上抬起……如上所述，利用手势可以节约不少话语和时间，而且起到活跃课堂气氛的作用。

二、手势语存在的问题

1. 不善于运用手势语

有的教师在讲课时，只知枯燥无味地讲述，不善于运用手势语言，缺乏直观性、形象性。因为有些知识抽象难懂，不利用手势辅助就不便于学生理解；又由于不使用手势显得姿势呆板、僵硬，缺乏吸引力，这些都会降低教学效果。这样廉价的“教具”如果闲置不用，实在是一种遗憾。

2. 不良的手势习惯

有的教师在课堂上不拘小节，不注意手的动作，甚至养成很多坏毛病。如有的教师双手抱臂给人以懒散、自傲的感觉；有的手插裤兜，给人以故作姿态的印象；有的不停地掰断粉笔，给人以不安的感受；有的则不停地敲打桌子，令人讨厌……

这些不良的手势都会给学生的心理带来反感，也可能使他们产生联想、疑惑，而造成思想溜号、注意力分散。所以每一个教师都应该增强自身的修养，经常进行手势基本功的训练，以争取更好的教学姿态。

三、手势语表达的类型

教学中形象地运用手势语言，可以引起学生的学习兴趣和学习的积极性，使沉闷的课堂气氛马上活跃起来，从而提高教学质量，而且学生的认识能力和学习效率也会因此大大提高。尤其是低年级的学生对生动具体形象的事物比较容易引起兴趣，所以他们对教师形象的“表演”会很感兴趣。当然，手势语言在课堂中的运用，教师一定要把握好尺度和力度，力求做到自然、协调、准确、得体，把它同有声语言有机结合起来，让课堂教学艺术化，把自己变成讲台上的“表演艺术家”，如在教学“认识‘＝’‘＞’‘＜’”的总结时，老师一边说一边用食指和中指演示：“开口朝前是大于号，尖尖朝前是小于号，开口朝大数，尖尖朝小数。”在教学“认识长方形、正方形、圆”时，老师一边以手掌抚摸长方体的一个面，一边说：“这个面是长方形。”使学生明白长方形是一个平面图形；为了巩固“倍”的概念，老师可以和学生一起做拍手游戏，老师首先拍 2 下，然后拍 4 个 2 下，让学生回答老师第二次拍是第一次的几倍？接着，按要求师生对拍，进而同桌互拍。这样的教学过程，学生会始终精神集中，情绪高涨，甚至很少有人出错。像这种简单易行的游戏，深受学生喜爱，因此教师掌握写基本的手语表达方式有助于相关的教学内容。

1. 拇指手势语（翘大拇指）

这是人在社会交际中经常运用的一个肯定性的体态语，它的含义是肯定与赞扬，教师多用来肯定、赞扬学生思想品德方面或学习活动中的突出表现。我们发现，在一般性的肯定赞扬中较少运用这一手势语，而是常常用在一些出乎意料的场合，因为这一体态语是用来表达非常满意、欣喜的心理。比如学生在回答出一个非常困难的问题，或者学生的答案出乎教师的预料，这时老师会情不自禁地伸出大拇指，同时说：“太棒了！”这时学生在心理上会有一种非常强烈的满足感。但是我们也发现，许多班主任老师很少用翘大拇指来表示自己对学生的鼓励与肯定，除了这种体态语是表示非常强烈的赞扬的原因之外，也与教师在赞扬学生方面比较吝啬有关。有许多班主任老师喜欢批评学生，而不喜欢表扬学生。学生的“嘉言善行”

在许多老师眼里好像是微不足道的，或者老师对赞扬的话是“一字千金而舍不得用。我们认为，表扬比起批评的副作用要小得多。当学生取得成绩的时候，老师给予口头表扬，同时竖起大拇指，也许一个后进生会因此而抬起头来走路。翘大拇指的动作需要与面部表情密切配合，若面部表情的真诚、惊喜、满意，那么翘大拇指是表示赞扬；反之，面部表情是不屑、冷漠，或无动于衷，就会适得其反。

2. 食指手势语

食指是五指中非常重要的手指，人类的许多创造性活动多以它为中心来完成。在国外食指的名称很多，比如、有时称它为指示指，因为它是用来指路的；有时称它为发射指，因为它是用来开枪的；有时称它为拿破仑指，因为据说拿破仑喜欢用这只手指来发号施令……教师应注意正确适当运用食指来加强教育教学效果。

最常运用的是静止性食指体态语——食指靠近嘴唇并与嘴唇交叉成十字型，表示“请安静”、“不要出声”的意思。常常嘴唇成努出状，同时嘴里发出轻轻地“嘘”声，这一手势，经常用来组织课堂教学秩序。比如。教师叫几名同学到黑板上做练习题，下面的学生发现了错误，便小声议论起来，这时教师最恰当的制止学生议论以免干扰上面学生思维的手势，莫过于这个手势。这个手势表示教师的一种善意友好的制止，学生一般是会接受的。另外，用食指轻点学生额头，同时说出赞美的话，表示一种亲昵和喜爱。例如小学低年级或幼儿园的老师经常对犯了小错误的学生：说“你这个小调皮啊！”同时以食指轻点学生额头既表示批评，同时又表示了对他的喜爱，学生会在这种批评中很自觉地改正自己的错误的言行。食指手势语，有时被教师误用。比如，课堂上叫某学生回答问题，有的教师喜欢用食指一点。这种食指手势是不适宜的，我们建议与其用手指指，不如手心向上平伸出去指向被你邀请的学生，同时说：“请你来回答好吗？”这样的手势语，学生会感到老师对自己的尊重，学生得到了他人的尊重，他常常会因此变得自尊，而自尊是人们进步永不会折断的阶梯。

3. 手掌体态语

手掌的各种体态在教育教学中有着非常重要的作用，经常被用来辅助教育教学活动。其中最常用的是鼓掌。鼓掌是一种积极的体态信号，鼓掌的含意是“赞许、肯定”。教师运用鼓掌表示对学生的赞许时，往往是想鼓励全体学生一同鼓掌，对某一个学生给予鼓励与赞扬。有时，教师在鼓掌时还用语言号召学生一同鼓掌：“来，大家为他鼓掌。”在教师的号召示范下，学生自然而然鼓起掌来，从而形成浓郁的激励团结集体氛围，产生巨大的激励效应。当教师把掌声献给学习较差或性格内向学生的时候，会更强烈地激发起他们的自信心，唤起他们主动参与集体活动的意识。教师要注意掌声不要仅仅献给取得好成绩的学生，对关键时候遭到失败的学生，老师要找出适当的理由，让全班学生给予掌声鼓励。鼓掌，这一体态语与其他体态语有所不同的是，它伴有声音，而且这种声音与赞扬肯定的程度有关，掌声越响，节奏感越强，它所表示的鼓励和赞扬的情绪越强烈。

鼓掌有时没有赞扬与鼓励的含义，而只是制造一种气氛，主要用来组织学生唱歌时，以拍掌来增强歌唱的节奏。注意用作节奏的鼓掌，必须与乐曲的节拍相和，掌声要响亮。掌声有时还用来表示提醒的意思。例如分小组的讨论结束时，班主任老师可先鼓几下掌，当学生的讨论停下来时，教师可以宣布分组讨论结束。

总之，鼓掌是一种积极的体态语，运用适时适当会给教育教学带来非常好的效果。

4. 双臂体态语

在上肢体态语中，双臂的体态是其他体态语的基础，无论是拇指，还是食指，还是手掌都是在双臂位置变化的基础上进行的，换句话说，双臂的体态语所传达的信息是在其他体态语的辅助下发生的。我们在这里单独提出双臂体态语进行讨论是因为双臂体态有时会表露教师的一些心理变化，从而对教育教学活动产生一些影响。

双臂倒背：最常见到的双臂体态语是双臂倒背，这一体态所传达的是一种自信，一种权威显示信号。我们发现有此习惯的人常常是那些有地位，有身份的人。如果你留意，你会发现执勤的警察、在士兵面前的军官都喜欢将手背于身后。据有关研究显示，双臂倒背不但可以作为一种权威显示，而且还能起到“镇定”的作用，

也就是说，当人们处于极度紧张或焦躁不安状况时，双臂背后可以缓解紧张情绪。双臂倒背于后给人的感觉是坦然自若，不慌不忙。据观察，在教师中较普遍存在倒背双臂的习惯，年老教师比年轻教师使用的频率高，男教师比女教师使用的频率高，教师在对学生不满或批评学生时经常倒背双臂。倒背双臂会让学生感觉教师的威严。因此，教师在一些适当的场合，比如监考、巡视学生做课堂作业时可以适当采取这种体态。但是在一些场合里教师不应采取这种体态，比如和学生个别谈话时，不应把双臂倒背起来，因为这样做会给学生一种高高在上、盛气凌人的感觉，学生心理上会生产一种压力，会妨碍师生间的情感交流。

双臂交叉于胸前（双臂交叉于胸前）：双臂交叉于胸前这种体态传达的人的内心情绪比较复杂。我们在日常生活中发现在参与同自己关系不大的事件的时候，人有时双臂抱肩；对某件事感到无所谓时，有时双臂抱肩；而悠闲自得时，人们有时也喜欢双臂抱肩。双臂抱肩对于教师来说是一种消极性体态语，在教师教学教育活动中不宜于使用。尤其是当教师与学生之间发生不快的时候，这种体态尤其不宜，因为这时双臂抱肩会给学生一种压力或蔑视的感觉，不利于师生间的感情沟通与交流。当然，这种体态并非完全是消极的，有时给人一种休闲自在的感觉。教师与学生在课下谈心时，如果辅以微笑，也能给人以平易近人、和蔼可亲的感觉。所以，对于双臂交叉于胸前这一体态教师要仔细体会，灵活掌握，避免副作用。

双手叉腰：双手叉腰是手部体态还是双臂体态说不清，它所传达的信息也不是单一的，有时是讲话者对听众的威慑，有时只是讲话者对某一事件的威慑态度，而不指向听众。总之，这种体态是一种富于进攻性的体态，给人的感觉是咄咄逼人的气势。教师在生气时或是批评学生时喜欢采取此体态。所以，我们建议当教师的讲话是直接针对学生时，最好不要采取这种体态，因为这种体态容易造成对其心理的伤害。但是，当教师的讲话是针对令人气愤的第三者的时候，这种体态会有助于教师感情的表达。例如，谈到社会上某种丑恶现象，讲到激昂处时，不妨采用这种体态，并辅助其他体态，以增强讲话的感染力。

双手插兜：把一只手或双手插入口袋。对于教师来说，这是一种消极性体态。

这种体态给人的印象是随意的。如果双手插兜的同时，其他体态同时表现出无采打采的话，那么，总的印象将不是随意，而是懒散了。所以，教师在教育教学活动中应尽量避免使用这种体态。

双手撑桌：将双臂支撑在讲台上。我们认为这是一种中性体态，它传达的信息可能是讲话者体力上的疲倦。它不具有进攻性，也不具有威慑性，但它给人的感觉不是振奋，而是低迷。如果，教师在教学教育过程中长时候采取这种体态，学生会变得无精打采，所以，教师应该尽量避免长时间采取这种体态。

第二节　头势语的艺术

在课堂上，头部的运用形式主要有点头和摇头两种。对不同的教学内容和教学环节，点头和摇头的速度、力度也不尽相同，如果运用得当，再配以和谐的面部表情和手势，其表意更生动、更恰切，更富有表现力。如果学生回答问题比较圆满，教师面带欣喜的微笑，轻轻地点点头所收到的效果，并不比说："正确！"所收到的效果差，正所谓"一切尽在不言中"。在这里我们单单提出头部来论述是因为头部的姿势也常常传达了某种信息或情绪，而这一点常常被研究者忽视。人与人交往时，头部的姿势位置表现了一个人的态度，比如头仰向天，往往表现不屑或看不起；头部稍偏，眼睛注视对方，面带微笑，表示倾听；扭转一边，或左顾右盼，常常表示心不在焉等等。教师在教育教学过程中，要注意自己的头部的姿态，如果头部的位置正确，再辅以相应的眼神、手势，教育效果会更好。头部是人表情达意的最丰富最细致的部分，因为眼睛、嘴、眉毛都集中于头部。美国作家爱默生说："人的眼睛和所说的话一样多，不需要字典就能够从眼睛的语言中了解心灵世界。"前苏联作家费定说："啊，眼睛，远比烦琐不足道的语言来得丰富。"

一、眼睛语言的表达

眼睛是心灵的窗户，目光是情感的桥梁。眼睛是人体最灵活多变的器官。据有关专家研究外界的信息约有 80%是通过眼睛获得的。眼神是教师与学生进行信息和情感交流的微妙渠道，也是组织教学的重要途径。教师与学生之间的眼神传递，是个性对个性的影响，心灵对心灵的感应，情感对情感的共鸣。教师用发自内心的爱，化作清澈的殷殷目光撒向学生，流进学生的纯真的心田，再从学生灵魂深处折射出来，透过学生的眼睛深深地注视着你，此时你的心灵已经得到升华，你的眼神是号角、是旗帜，是引导学生奔向知识宝库的向导。学生透过教师的眼神可以领悟到教师的情感和意图，教师也可以通过学生的眼神清晰地判断出学生的情感变化和对知识的理解程度。有研究表明：师生眼神交流表现出来的“期望效应”十分明显，善于正面注视全体学生，与学生频频进行眼神交流的教师，可以获得“润物细无声”的教育教学效果。利用眼神与学生进行交流，可以达到心意沟通、心领神会的境界，从而避免唠叨语言给学生产生的厌烦感。例如在欣赏乐曲的时候，乐曲的情绪通过教师的眼神流露出来，或悲或喜，或抑或扬，教师的眼神对学生理解作品能够起到很好的辅助作用。在欣赏《谁来了》第一片断“狮子”音乐时，教师就睁着一对惊恐的眼神，仿佛凶猛的狮子就要扑出来似的，学生通过教师的眼神，就能够判断出这是表示凶猛动物的音乐；而当出现“小鸟”音乐时，教师就用一双充满喜悦眼神，双手小鸟的动作，学生通过教师的眼神手势，很快就明白了这是小鸟飞来了。眼神还能控制课堂气氛，对学生上课时出现的走神、唱歌走调等现象，有时候用语言批评、指正效果不一定就好，而用眼神进行提醒，既不会破坏课堂气氛，也不会让学生丧失自信心，将课堂良好氛围保持下去。因此，眼神也是音乐课师生交流的重要手段。眼神是重要的情感传递中介，由于眼睛的重要，我们首先谈谈眼睛在教师教育教学活动中表情达意方式与功能。

1. 微笑法

微笑并不是仅仅通过眼睛就能完成的，但是我们认为，真诚的微笑体现在眼睛里，所以我们把微笑放在眼睛这节里论述。

我们在研究过程中发现，许多教师失去了微笑能力。有时我们听一天课，没有见到班主任老师的一丝笑容，课堂里像阴沉的天空，压抑憋闷，学生失去了活力，教师失去了生机。在社会交往中，微笑是最佳的选择；在教师教育教学过程中，微笑同样是最佳的方式。我们提倡真诚的微笑，我们提倡会心的微笑，我们提倡理解的微笑，我们提倡宽容的微笑，我们提倡鼓励的微笑……微笑可以几乎应用到任何教育场合而不出错，只要你的微笑是真诚的，善意的。我们建议，每一位教师每一天微笑着站在教室的门口，我们建议每一位教师微笑着说出每一天的第一句话……当学生犯了错误，我们建议，先不要发火，而是微笑着对学生说："你来想一想这样做对不对。"当我们微笑着开始一天的教育工作的时候，我们会发现一天的工作变得舒畅了。

2. 注视法

将目光较长时间地固定于某人或某物。注视辅以不同的视线、视角或不同的表情，可以表达不同的情感。严肃的表情、低缓的语调，加上不动声色的注视，会让学生感到一种威严，对于比较调皮的学生，会慢慢收敛放纵，教师这时再给予语言的说服教育开导，自然而然会收到较好的教育效果。亲切的态度、和蔼的面容，加上鼓励的注视，会让学生感到温暖，对于课堂上回答不出问题的学生，会调动起学生的自信和勇气，他们会静下心来深入思考，打通思路，提高学习效率。一位优秀教师曾说："提问无疑是非常重要的，而更重要的还是学生的回答，因为提问的目的是让学生在回答中掌握知识、训练思维。"那么如何保证学生回答问题时的思维沿着正确的方向运行的方法只有一个，那就是鼓励，鼓励，充满信任的鼓励！一个有难度的问题，一个需要"跳一跳"才能"够得着"的问题，学生一般很难一语中的，常常是或顾此失彼，或偏离方向，或想得太浅。这时我不急不慌地等待着，亲切地注视着，教师的目光里包含着丰富的意义，学生都能读懂，他们是聪明的，不会辜负教师的鼓励和期待，因此苦思冥想，总能找到正确的答案。这种经历一个艰难思索过程得来的东西，感受特别深刻。亲切的注视是一种鼓励，是一种鞭策。教师要有耐心，要相信学生。

3. 环视法

目光在讲话对象范围内做较大的范围的扫描，这是一种在教学教育活动中很重要的眼势语，是一种无声的组织教学手段。环视时教师的面部表情应显得自然、灵活，安详、亲切，像春风拂面，使烦躁的安静，使萎靡的振奋，使自卑的自信。环视的运用一般在教室内，面向全体学生授课时；在教室外，多用于排队集合、开会等集体活动。

上课铃声响过，学生刚刚坐在自己的位子上还没有完全安静下来，这时教师站在讲台前，安静、亲切、慈祥地环视一周，能引起学生注意，集中学生的注意力，为开始上课做好准备。教师在全班学生情绪普遍躁动不安之时，运用目光给予鼓励，促使学生稳定情绪，树立信心，教育教学活动获得良好的开端，使得后面的活动自然展开，最终获得好的效果。

在讲课、组织班会过程中，教师也经常通过环视调控课堂气氛。这时的环视节奏、表情，要根据当时课堂的情况而定，如果当时课堂纪律涣散，学生交头接耳说话，教师的环视要严肃、庄重，让学生感到一丝威严；如果当时学生精神不振，教师的环视要亲切，并说上几句振奋精神的话……

在课堂教学或在班级教育活动中，当教师提出一个有难度的问题后，如果暂时没有学生能够回答，这时教师可以环视全体学生。其作用有以下两个方面：一是借助环视，以发现哪位学生能够回答，因为，题目比较难，学生对自己的答案拿不准是对是错而不敢举手时，面部表情是犹豫的，这时教师给予鼓励，他也许能大胆举手回答；二是借助环视以鼓励每一个学生开动脑筋，积极思考。这时的环视，目光应饱含鼓励与期待，在重点学生身上可以稍停片刻，给予鼓励，这样效果较好。

4. 虚视法

虚视法是一种似看非看的方法。教师不时地把视力“焦点”对准某一个学生，或者出于教学的需要对某些或某个学生仅仅一瞥。这主要是针对不认真听讲程度较轻，或平时偶尔有些“开小差”现象的学生。因为这部分学生一般来说自尊心较重，自觉性也较强，教师的一瞥就能唤起他的注意。如果注视时间较长，反而会伤害他的自尊心，不利于调动其积极性。

眼神的运用主要是这三种，教师在课堂教学时要注意区别情况，灵活运用。

二、嘴部与眉毛语言的表达

1. 嘴部语言的表达

嘴形的变化与人的情绪、感情、心态等紧密相关，除了眼睛之外，嘴形可以说是窥视人情绪变化的另一扇窗户。嘴角挂的一丝笑意表露心中的欣喜；嘴唇紧抿表示心中的不满或意志的刚毅；嘴唇微张可能是想某事而发呆或看某事吃惊；嘴角耷拉下来可能是在生气……

教师要注意自己的嘴形所表达的情感，会给你的教育教学带来意想不到的效果。在这里我们要提醒教师的是，嘴不要长时间张开，因为这种嘴形常常给人以呆傻的感觉，应尽量避免。

2. 眉毛语言的表达

眉毛能表达人们丰富的情感。如舒展眉毛，表示愉快；紧锁眉头，表示遇到麻烦或表示反对；眉梢上扬，表示疑惑、询问；眉尖上耸，表示惊讶；竖起眉毛，表示生气。如有的教师虽然回应学生的热情招呼，但是眉头紧皱，学生就明白他的老师并不喜欢他，瞬间就会对老师的热情减少一半。因此，教师要注意不要轻易皱眉，如果皱眉成为你的习惯，不仅影响你的心情，同时学生也厌烦和这样的老师打交道。

第三节　面部语的艺术

一、教师面部表情的基调

教师的天职是教书育人，其面部表情与教育教学工作的关系十分密切。众所周知，教育教学过程与工农业生产不同，是一种活生生的师生情感的交流过程，

而面部表情正是师生情感交流的“媒介”。教师不仅通过言语向学生表达自己的思想感情，而且凭借面部表情向学生传递教育信息，表达自己的教育意图，启迪、引导、感染学生；学生透过教师表情的变化，也可以领悟、觉察到教师情感的变化，获得教师对自己评价的反馈信息。正是这种教育的情感性特征，以及中小学生的生理需要和心理特点，决定了教师面部表情的基调：无论课堂内外，教师在学生面前都应保持和蔼、亲切、开朗、精神饱满的面部表情状态。教师面带微笑授课，学生会感到亲切、轻松、愉快，师生关系融洽，课堂气氛和谐，学生学习积极性高涨，学习效果自然就好。教师的面部是学生视线的焦点。从教学内容上考察，学习的重点、难点和关键，教师都应该通过面部表情适度地表现出来；从思想感情上考查，教师更应该露出与授课内容相吻合的面部表情，使学生情真意切地走进教师精心创设的知识意境，洞察知识的奥妙，理解知识的诀窍，掌握知识的要点，体验运用知识的无限乐趣。从这个意义上讲，教师的面部是控制课堂“局势”的中枢，是测评课堂气氛的晴雨表。

在这种基调下，教师常用的面部表情主要有以下几种：

1. 表示高兴的面部表情

这种表情是教师热爱校园生活的自然流露。具备这种表情的教师具有远大的理想、高尚的人格，具有乐观、豁达的情怀和宽厚爱生之心。工作中他们能事事从大处着眼，时时以大局为重，具有敬业奉献精神。

2. 表示亲切的面部表情

亲切的表情是教师与学生建立并保持“心灵的接触”的前提条件，是进入学生情感世界的“通行证”。当你与学生谈话时，运用这种表情会使学生放弃戒备心理，创造一种融洽和谐的气氛；当学生在课堂上因紧张、拘束而回答不出问题时，看到教师的这种表情会得到鼓励和安慰……因此，这是一种无特定要求、应用频率极高的教师面部表情。

3. 表示满意、赞扬的面部表情

这是教师对学生行为进行价值判断时所常用的面部表情。教师应该善于发现学生的点滴进步，予以褒奖和鼓励。所以，教师运用这种表情千万不要吝啬。德国教育家第斯多惠说得好："我们认为，教学的艺术不在于传授的本领，而在于激励、唤醒、鼓舞。"

4. 表示感兴趣的面部表情

这是指教师对学生的学习或其他活动表示关注的面部表情。这种关注不仅体现了教师对学生的关心、重视，而且也含有鼓励、褒奖的成分。经常运用这种面部表情，对于学生思维的发展及个性的形成都大有裨益。

当然，教师也有喜怒哀乐，其表情也是丰富多彩的。只不过其他一些表情只是在特定环境下出现，有的甚至是教师应予避免的，所以不应作为教师面部表情的基调对待。有的教师整天板着面孔，严肃有余而亲切不足，远离了教师面部表情的基调，还自我推托：没办法，我天生就是这种脸。其实不然，人的面部表情是可以培养改变的。日本教育家小泉信三曾说："精于一艺，或是完成某种事业之士，它的容貌自然具有平庸之辈所没有的某种气质与风格。读书亦然。读书而又思考的人，与全然不读书的人相比较，他们的容貌当然'不尽相同'。"据说，有一次林肯的朋友向他推荐某人为阁员，林肯却没有用他，原因是"我不喜欢他那副长相"。这位朋友感到愕然："这不太苛刻了吗？他不能为自己天生的面孔负责呀！"林肯说："不，一个人过了40岁就该对自己的脸孔负责。"教育家和林肯总统的话都说明了一个道理：人的面部表情是可以熏陶和改变的。由此看来，作为教师应该看到自己面部表情的可塑性，努力地使自己的面部表情符合职业要求。

二、教师课堂表情的控制

在课堂教学过程中，教师的面部表情是师生间沟通情感、交流思想、建立联系的有效"媒体"。教师可通过面部表情把某些难以或不宜用语言表达的微妙、复杂、深刻的思想感情准确、精密地表达出来。所以蕴含丰富信息的教师面孔常常是学生最关注的目标。因此，教师应注意控制课堂表情，使之符合课堂教学的要求。

1. 自然而真诚

发自内心的表情最能打动别人。前苏联教育家马卡连柯曾这样告诫教师："要善于运用表情……不能单纯地做舞台式的表面的那种表情。要有某种的传动带，这个传动带应当把你们的完善的人格和表情结合起来。这种表情不是死板的表情，不是机械式的表情，而是我们心灵里所具有的那些变化了的真实的反映。"

所以，教师的课堂表情应该是内心活动与外在表现的统一。这样才能使学生看到教师表里如一的坦诚自然的真实形象，从而赢得学生的充分信任。不真诚的表情，面部肌肉不协调，给人以做作、矫饰之感，那样会失去学生的信任，从而干扰学生对信息的接纳。

2. 丰富而适度

丰富是指教师的面部表情应该在亲切和蔼这一"基调"下而富于变化。教师要随时把握课堂上出现的不同情况，恰当地运用多种面部表情表达出来。如对积极思考努力学习的学生表示赞美；对扰乱秩序、违反纪律的学生表示生气；对偶发事件和反常情况表示惊讶等等。然而，面部表情的丰富并非人人具备。有的教师课堂上总是笑眯眯的，学生戏称为"笑面虎"，而有的教师课堂上总是一副冷若冰霜不可冒犯的面孔，学生名其曰"老阴天"。这些单调乏味的面部表情往往会形成"情绪辐射"，难以有效地调节课堂气氛，影响了课堂教学效果的提高。

这里的适度是指教师脸色、脸形的变化不可过分、过频，要恰如其分，恰到好处，做到嬉笑而不失态，哀痛而不失声。有的教师喜欢运用流于"脸谱化"的表情，这往往会使学生对其所表达的信息产生怀疑。

3. 开朗而温和

开朗和温而应该成为教师课堂面部表情的基调。开朗是指教师在学生面前应鲜明地表现自己的情感，否则，那种似笑非笑的晦涩表情会使学生难以捉摸，产生困惑，这便妨碍了信息的交流。教育心理学常识告诉我们，当教师在课堂上表情温和、亲切时，师生间的角色差异给学生造成的心理压力就会减少以至消失，并且使学生心理上产生一种轻松愉快、自然明朗的情感，形成积极的情绪和愉悦的心境。这样，不仅打通了师生间的情感通道，学生的思维之门也为之大开，从而形成良好的课堂学习气氛。

4. 与有声语言配合

教师的面部表情既能单独传递信息，又可以配合有声语言以增强表达效果。教学过程中，教师在讲述教材内容的同时，面部表情时悲时喜，时怒时乐，学生也会受到感染，渐入佳境，展开感情的翅膀，翱翔在知识的天空。尤其是在政治和文史课的教学中，如果教师在讲授某一政治观点和历史事件时，语言铿锵有力，面部表情却无动于衷，漠然置之，学生“听其言，观其形”，就难免要怀疑教师口中所讲的话是不是发自内心，是不是具有真理性，从而降低授课内容在学生心目中的可信度，减弱授课效果。因此，教师在授课过程中，要针对不同的内容运用适当的面部表情。如讲授政论文时的严肃庄重，讲授抒情散文时的兴高采烈，讲授说明文时的稳重思辨等，都会增进师生间的情感交流，产生良好的教学效果。应当注意的是，这种因教学内容的变化而引起的喜怒哀乐等表情应有理有节，有关情境改变后，应及时恢复到常态表情上来。

5. 运用面部表情增强信息交流

课堂上，教师应当在利用有声语言作用于学生听觉系统的同时，运用自己的面部表情作用于学生的视觉器官，以形成知识信息、情感信息对学生的综合性“多觉辐射”。特别是教师应当用自己面部的坚定与自信，随时告诉学生“我讲的内容正确无误”。如果教师在授课过程中，面部表情总是将信将疑、铁板一块，或者变化无常，势必引起学生的心理紊乱，从而使信息输入过程受阻。

三、教师应予避免的面部表情

在课堂教学中，教师处在“众目睽睽”之下，其外部器官除面孔和手之外，都有遮掩物遮盖，使学生的视线与这些器官有了一道屏障，因而不易引起学生的注意。但是，教师的面孔直接暴露于学生面前，宛如一面展现教师各种心态的“屏幕”。因此，教师在运用面部表情时应有所“避讳”，以免产生消极效应。

1．课堂上的“无表情”

生活中任何一个正常的人不可能无表情。这里所说的无表情是指某些教师在课堂上面部表情看不出明显的变化，总是一张生硬古板的面孔。在这种情况下，教师的表情常常是严肃认真有余，而亲切自然不足。这种无表情教学的直接后果是使课堂上师生之间的心理距离增大，给学生一种疏远感、拒绝感。所以，它不利于师生之间心理关系上的相互吸引。

学者们研究表明，师生之间要达成沟通和吸引，需经历三个阶段。第一阶段，学生用感官（主要是视觉器官）接受教师形象的刺激，如果在此阶段教师能给学生以喜欢的强烈刺激，则几乎不必交谈，就能使学生获得好的第一印象。第二阶段，学生透过教师的言辞，给予情感性质的肯定或否定：“我很喜欢这位教师”或“这位老师不怎么样”。第三阶段，学生对教师肯定或否定的材料积累到一定程度后，引发了一定的动机：“我要与这位教师很好地协作，努力学习”或“怎么摊上这么一位老师，学习没希望了”。如此看来，第一阶段教师给学生的形象刺激非常重要。那种“木头脸”表情之所以不利于课堂教学中教师对学生产生吸引力，是因为它显示出一种拒绝对方的姿态，给学生一种“教师无意与我交往”的心理感受。这样，师生之间就只存在正式的、组织化了的工作关系，其课堂教学效果可想而知。

为什么会出现这种“无表情”教学呢？原因是多方面的。有的可能是出于教师的一种个性心理特点，个别教师由于生活煎熬，形成了这种表情定势；有的可能是因教师一时的紧张而表现出来的努力压抑喜怒哀乐的一种临时心理状态，这在初涉讲坛的青年教师身上常有所表现；而更多的则是由于受传统教育中“师道尊严”观念的影响。在这种思想的支配下，许多教师刻意追求表情上的威慑力，所以总是板着面孔，不苟言笑。其实，过于严肃的教师不可能得到学生发自内心的尊重，这种表面上的服从只是一种“敬畏”而非“敬爱”。

无论何种原因，“无表情”都会在教育教学中产生消极效应，是教师应该予以避免的。因此，教师要克服“无表情”教学，努力培养应有的面部表情。

2. 表示愤怒的面部表情

这种面部表情通常在有学生违反纪律时出现。面对违反纪律的学生，教师适当地运用严肃的面部表情加以制止是无可厚非的，但是动辄发怒，甚至失去理智，摔东西，对学生进行体罚或变相体罚，是教师职业道德所不容许的。著名作家魏巍曾在他的散文《我的老师》中谈到了他刚入小学时发生的一件事：当时教他的有一位姓柴的老师，脸上从无笑容，手中常拿一根竹棍。有一天，小魏巍正歪着头看窗外的小鸟，"冷不丁"就挨了重重的一棍，顿时，头上就起了一个大血包。他哭着回到了家，发誓再也不去上学了。后来只是舍不得离开一位"温柔和美丽"、"从来不打骂我们"，并善于"排除孩子世界里的一件件小小纠纷"的蔡老师，才又回到了学校。几十年后，魏巍对此事记忆犹新，可见那位姓柴的老师对一个儿童造成的心灵伤害是多么严重。对比是鲜明的，如果没有那位美丽善良的蔡老师，我们今天可能就读不到《谁是最可爱的人》等佳作了。

众多实事表明，教师的发怒对于帮助学生认识和改正错误并无任何益处。教师发怒时，学生不仅紧张恐惧，而且会感到厌恶，有时甚至产生抵触情绪。因此，教师应远离发怒，极力避免发怒的面部表情。

3. 表示轻蔑的面部表情

有些教师面对学生的某些幼稚举动，常以冷笑表露出来不屑一顾的神情，有的甚至嗤之以鼻。这种表示轻蔑的面部表情同样会给学生的心灵带来伤害，所以教育教学中应极力予以避免。

四、教师的微笑

在丰富的面部表情中，最美好的当数微笑，而教师的微笑更是一种最富有诗意的表情语言。有一首小诗曾这样写道："教师的微笑，是阳光，可以排除脸上的冬色；是春风，可以催开心灵的蓓蕾；是栈桥，可以沟通师生的心灵；是军号，可以给人以力量；是天使，可以唤起学生对美的追求。"由此可见，教师的微笑在教育教学中有着不可替代的作用。

教师微笑的意义主要表现在以下三个方面。

1. 教师的微笑可以创设和谐的课堂教学氛围，收到良好的教学效果

首先，和谐的课堂教学气氛取决于教师的授课心境。课堂上，教师若能保持一种自然、真诚的微笑，那么这种微笑就会促使他的心境一直处于轻松愉快的状态，从而使大脑皮层细胞兴奋活跃。在这种心境下，教师不仅能使自己的知识储备出色地讲授出来，而且还会诱发出许多在备课时从未想到的新奇的灵感，形成一种妙语连珠、旁征博引、左右逢源的授课局面。相反，如果教师课堂上板着脸，这种严肃冷漠的表情就会反作用于他的心态，使原来较为轻松愉快的心境变得沉重起来，进而这种消极的心境又会使大脑皮层细胞受到抑制，使许多先前储存在大脑中的信息难以提取出来。即使是事先准备好的内容，也会讲得干干巴巴，甚至丢三落四，漏洞百出，其课堂教学效果可想而知。

其次，和谐的课堂气氛还取决于学生的接受心境。教师亲切自然的微笑能使学生感到可亲可敬，进而产生一种心理自由和心理安全感。这种心态下，学生不仅会专心致志地听课，而且还会迸发出创造性思维的火花。

2. 教师的微笑是一种友好和信任、沟通和理解

学校教育从根本上讲是一种师生交往过程，在这个过程中，教师的笑容确实有多种功能。当教师和学生一起闲谈、游玩、打球时，教师的笑容会使学生倍感亲切愉快；当教师找学生谈话时，如果在谈话前教师用含笑的眼睛注视学生，会使学生放弃戒备心理，造成一种融洽的气氛；如果教师和学生之间有过芥蒂，再见面时教师报以微笑，会在一定程度上消除师生间的隔阂；特别是当学生因犯了过失而忐忑不安、手足无措的时候，教师的笑容对学生是一种谅解和安慰。

3. 教师的微笑是一种鼓励和期待

研究证明，学生的学习活动必须有一定的动力支持。这种动力便是人类活动的源泉——需要。教师的主导作用就在于将学生的学习潜能开发出来，使之从无意识领域提升到有意识状态并转化为显能，使好奇心转化为求知需要，并成为学生主体性发展的动力之源。教师对学生进行有效鼓励和建立期待，正是引发诱导

学生学习需要的催化剂。学生做了一件有益的事情，教师报之以真诚的微笑，便是对学生的极大奖赏；当学生在课堂上因紧张、拘束而回答不出问题的时候，教师的微笑对学生既是一种鼓励，更是一种信任和期待。

第四节　其他非言语交流的艺术

一、行走的语言

行走是教师传递信息的一种方式，如果一个教师一节课只是一种姿势站在那里一动也不动，课堂就会显得单调而沉闷。相反，教师适时地在学生面前走动，而又没有分散学生注意力的动作，课堂就会变得有生气，还能激发学生的兴趣，引起注意。

教师在课堂上的行走大体有两种：一种是教师在讲课时，适当地在讲台周围走动；另一种是在学生做作业、讨论、实验时，教师在学生中间走动。从讲台上下来走到学生中间，这种空间距离的缩小，带给学生的直接影响是与学生心理上的接近。因此，教师走到学生中间可以密切师生关系，加强课堂上师生间的感情交流。同时，在走动中教师可进行个别辅导，解答疑难，了解情况，检查和督促学生完成学习任务。教师在课堂上走动时应注意以下问题：

1. 要“控制”

走动要控制，不能分散学生的注意力。为了做到这一点，一是控制走动的次数，不能一节课不停地走；二要控制走动的速度，身体突然地运动或停止都能引起学生的注意。所以在课堂上教师应该是缓慢地、轻轻地走动，而不是快速地、脚步很重地走动；三是走动时的姿势要自然大方，不做分散学生注意力的动作。

2. 会“停留”

走动或停留的位置要方便教学，当组织学生进行问答练习时，以在讲台周围走动为宜。在学生中间边讲边走动时，不要停留在教室的后端，因为这样对学生来说教师的声音是从后面传来的，对学生听课有一定的心理影响。

3. 知“符合”

教师的走动时间要符合学生的心理。一般说来，学生在做练习或答试卷的时候，不喜欢教师在他们中间走来走去，更不喜欢老师在自己的身后或身边停下来。因为这时学生的注意力需要高度集中，需要进行紧张的思维活动。而教师的走动会分散他们的注意力，一旦在他们的身边停下来，往往会造成他们情绪紧张，破坏他们的正常思维过程。如果教师要观察整个考场的情况，最好走到教室的后边，这样教师能看到整个教室，而学生却看不到教师。

4. 明“平衡”

教师在学生中间走动进行个别辅导，解答疑难的时候，要注意关心每一个学生，对所有的学生给予同样的热情。如果教师不注意这个问题，只把精力放在少数人身上，那么大多数学生就会认为“老师不喜欢我们，老师对我们没有寄予希望”，这样就会伤害多数人的积极性。

二、物体语言

教学中的物体语言主要指教师为了增强说服力，促进学生的观察和思考，帮助他们准确理解所学内容而借助于模型、板书、标本、挂图以及教室内的物体等配合教学语言表达的一种手段。比如物理课上，需要借助样品、模型；讲几何图形时，教师可以借助教室里的物体；英语课上，教室里的挂图和实物也可以作为教师的临时教具。有时教师也可以直接用物体代替语言，比如用手指黑板，示意学生向黑板看；在学生吵闹的时候，用手轻拍课桌，示意学生安静下来。物体语言不仅指教师有意识地借助物体来传播教学内容，有时也可以在事先没有计划，根据课堂情景和讲课需要，临时转变教学方法，用周围的物体代替语言的灵活性方式，这样既显示了教师高度的语言艺术，又展现了课堂教学独特的美。

另外，道具语言是物体语言常用的语言，它指对辅助教学的一切现有物体（教具、教学资料、教学设施、教师及学生的仪表等因素）的使用过程。演戏需要服装道具，教学也同样需要道具。因为它们都是对人的一种教化方式，只不过艺术类型不同罢了。因此，善于利用道具语言来丰富课堂也有讲究。首先，教学工具与设施也是辅助教学的重要方面。包括教鞭、尺子、挂图等较简单、原始的工具及计算机多媒体等一些较为复杂、现代的工具设施。不管是简单、原始的，还是复杂、先进的，它们服务于教学，增强授课效果的目的是一致的。运用恰当都能收到好的效果。因此我们不仅要善于使用那些传统的教学工具，即便一只粉笔也能玩出很多花样，更要与时俱进，熟练驾驭那些现代、先进的教学设施。但应该注意的是，工具是为教学内容服务的，而不是教学内容为工具服务。例如现在有些教师为了体现自己在课堂上使用了多少先进装备，生搬硬套地把一些本不属于课程内容需要的设备搬进来作摆设，搞一些不沾边的演示，这就违反了使用道具的原则。道具的使用要体现课堂需要与使用的顺手、自然，不可刻意卖弄。

三、时空语言

时空语言是教师在教学中巧妙运用时间和空间的变换来达到某些目的的无声语言方式，包括时间语言和空间语言。时间语言一般指教师讲课的节奏和停顿时间。如果教师要强调某个重要问题，讲课的语速就要适当放慢，中间停顿的时间稍长，给学生留下思考问题的机会，也让学生的思维随着教师的提示延伸；如果学生做小动作或思想开小差，教师也可以用时间语言来提醒他，故意停顿几秒钟，使学生意识到并转移注意力；时间语言从另一方面来说，也指在一节课的时间限制下，教师的语言和语速的整体把握，既不能过快，也不能过慢，既要考虑到时间的限制，也要注意学生的接受能力。

四、空间语言

空间语言主要指距离语言和位置语言。人与人之间的关系与人在空间位置上所保持的距离有着某种联系，在课堂教学中，教师通过与学生的不同空间距离，可以与学生产生更大的情感效应。比如教师走向教室中间时，学生会觉得老师是在注视着他们，会感觉到自己处于课堂之中；当走到学生身边时，学生会觉得很亲切，会更好地记笔记，更好地听讲；当学生做小动作时，教师轻轻地走近他，表示提醒注意；而如果大家讨论问题时，教师可靠近学生坐下，了解情况。所以，教师不能停留在课堂上或教室的一个地方不动，应及时调节与学生的距离和位置，组织好教学和控制课堂管理。教学语言的艺术魅力是无穷的，弗洛伊德曾说："言辞具有不可思议的力量。他们能带来最大的幸福，也能带来最深的失望。"语言艺术对教学的作用不可低估，其潜在的推动力不可忽视，提高教学语言艺术能力应该成为每位教师自觉的追求。而教学语言表达是多渠道进行的，每种渠道都各有特点，要使自己的教学达到更高的艺术水平，教师就必须不断锤炼自己的语言，准确运用无声语言，使有声语言与无声语言协调一致，整体配合，这样才能有效实现课堂教学语言的艺术化，提高教学效果。

五、心灵语言

心灵语言是指交流双方情感、注意力交汇过程中所产生的共向性思维语言。它体现了一种思维内容的高度集中性和理解概念的默契性，特定场合下，一个简单的面部表情就能让对方读懂你的中心思想，形成会心或会意的效果，是授课艺术中较高的追求境界。眼睛是心灵的窗户，授课中心灵语言的交流更多的是通过眼睛来传递的，而面部表情是紧密配合眼睛来展开的。一个优秀的教师必然是心灵语言交流的高手。当然，口语是基础，心灵语言交流只是重要时刻、关键时候的画龙点睛，神来之笔。这方面教师要善于向好的演员和优秀媒体主持人学习，博采众长为已用，努力丰富、强化自己的课堂效果。

六、衣着语言

我们都知道，教学语言可分为有声教学语言和无声教学语言。可是在实际操作中，人们往往只重视有声教学语言而不重视，甚至忽略了无声教学语言，殊不知无声教学语言不仅可以强化有声教学语言的表达效果，有时候还可以起到有声教学语言所无法替代的作用。就拿教师服饰这一无声教学语言来说吧。

如果一个教师不注意自己的穿着打扮，穿戴得过于随便，寒碜甚或邋遢，就会给人一种穷酸迂腐，痴呆傻愣的形象，从而削弱教师的权威性，神圣感和感召力。学生一见到这样的老师就会发笑，恶心甚而生出作践老师的恶作剧。学生一旦形成对老师的反感，轻践，就会失去对老师的兴趣和信赖，从而导致教学效果大打折扣。

相反的，如果一个老师太过注重穿着打扮，总是穿金戴银，追求新奇、怪异、夸张、暴露等所谓时髦的服饰发型，又会被认为轻佻而不庄重，浅薄而无内涵，油头粉面，满身铜臭，金玉其外，败絮其中。同时有可能在学生中造成一种不良的导向。可见作为一个教师来说，太过注意自己的穿着打扮与穿戴过分随便都是不妥当的。

因此，教师仪表服饰要端庄得体，要显出教师的职业修养与气质，在学生中建立良好的第一印象。力避不修边幅的邋遢形象和刻意的粉饰打扮、佩戴小零碎首饰挂件、穿着花哨招摇等形象。否则将在学生心目中影响其形象分值，进而产生逆反心理，直接破坏授课效果。

事实上，教师作为一种崇高的职业，一个特殊的群体，他担负着为人师表的神圣职责，因此，他的职业特性决定了他的服饰必须质地考究，款式端方，搭配自然，干净整洁。也只有这样的服饰才是教师得体的服饰，才不会掩损教师作为“太阳底下最光辉的职业”的光芒，才不会贬损教师作为“人类灵魂的工程师”的气度。端庄稳重，和谐雅致，大方得体的服饰可以体现出教师良好的精神面貌，从而塑造了教师良好的职业形象，公众形象，这本身就是一种美的创造，一种美

的享受。学生在对这一美的欣赏中产生愉悦的情感，进而产生浓厚的兴趣，从而大大增强了教学效果，特别是学生在对教师服饰的审美过程中，有可能把老师奉为楷模、偶像进行崇拜，模仿，从而给学生一种健康良好的服饰导向，这是有声教学语言所难于达到的效果。由此可见，教师的服饰不仅是一种自我形象的私人包装，也是一种职业形象的公众艺术，它不仅关系到教学的效果，也关系到学生的审美。因此，作为一名教师，一定要重视自己的服饰艺术品位，运用好自己的服饰语言，以期收到事半功倍的良好教学效果。

当然，这里只是以教师服饰为例，管中窥豹，从而说明无声教学语言的重要作用。此外，无声的教学语言还有教师的目光语，微笑语，姿态语和手势语等体态语言。一般地说，自然亲切的目光，柔和静雅的微笑，大方得体的姿态，简明有力的手势都与和谐雅致的服饰语一样，可以给人以美的享受，美的熏陶，可以收到良好的教学效果，因此，我们在教学中一定要高度重视无声教学语言的作用并艺术地运用无声教学语言。

思考与感悟

案例一：

区域活动后，老师告诉孩子们，要选出优秀的作品张贴到墙上，被选中作品的孩子们奔走相告："老师夸奖我了！"受到鼓舞的阳阳也拿着自己的作品兴高采烈地跑到老师身边："老师，你看，我画的火箭！"老师正在看其他孩子的作品，回过头看了一下阳阳的画，只见画纸上黑漆漆的，只能大概看出个轮廓，于是嘴一撇："画的什么呀？这哪像火箭？"阳阳满是期待的脸一下子黯淡了，低下头咬着嘴唇回到了座位上，整整一天，阳阳一直不快乐。孩子们的作品张贴完后，剩下的作品被老师"请"到了垃圾桶里。有的孩子趁老师不注意，又将自己的"宝贝"捡了回来，放到了书包里。

案例二：

数学课上，老师正在运用游戏与孩子们一起数数，孩子们积极踊跃，抢着举手，乐乐却坐在一边很茫然的样子，看得出来他很羡慕那些积极的孩子。老师走到乐乐的身边，微笑着用眼神示意他参加游戏，刚开始乐乐摇了摇头说：“老师，我不会。”但老师依然微笑着，拉起他的手、抚摸着他的头说：“乐乐，你是一个聪明的孩子，你会的，让我们一起来游戏吧，我们都喜欢你。”乐乐沉默了一下，慢慢地站起来，羞涩的脸上露出抑制不住的快乐，整个游戏时间，乐乐很有自信心，也得到了小朋友的鼓励和老师的认可。

（节选自互联网）

思考题：

1. 幼儿期是喜欢观察和模仿的时期，他们无时无刻不在观察模仿老师的一举一动，老师的衣着、表情、眼神、手势都会对幼儿产生潜移默化的影响。案例一，老师的体态语言显露了什么？犯了什么样的错误？

2. 案例二，幼儿教师要善于利用积极的体态语言，让孩子获得满足。列举出对孩子有意义的体态语言，如一个抚摸、一个微笑等等，并说明体态语言的重要性在哪里？